JN026086

上にいく為に

中村将人
MASATO NAKAMURA

幻冬舎MC

上にいく為に

ご挨拶

　初めまして、まずは最初にこの本をお買い上げ頂いたこと、深く御礼申しあげます。

　この本を書いた理由は、自分は17歳で仕事につき8年が経った頃、人の上に立つ立場になりこれ以上のことを教えてくれる方がいなくなりました。

　それからの自分は模索し、今自分が正解だと思うことをノートに書き自問自答することで自分が成長できるのではないか？と、25歳から今まで書き記してきました。

　時が経つにつれ、相談に乗る機会が多くなり、書き記してきたノートを見せてみたら、「しばらく貸しといて」「これはもう哲学だよ」などといった感想をいただき喜んで貰えることが多く、世間の皆様に読んで貰うことで皆様の成長の後押しに少しでもなれればと思った次第で御座います。

　少しでも多くの皆様に読んで頂けることを願っております。

令和3年6月末日　中村　将人

目次

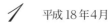

下の者との付き合い方

自分の考え

　8年間勤めているのに下の者が続かず結局、振り出しに戻っているのでやり方を変えないと間違っていることも分からないままなので8年間見てきたことを参考に考えてみた。

　社長と2番手の人がしっかりと大事なことを分かっていて方針を話し合っていればすべてがうまく回りそうな気がする。

　全員が分かり合うのは、かなり無理があることが分かった。

　プライベートで飲みにいくのは上の人間だけで、忘年会、新年会、花見、バーベキューなどは、会社の結束力を高めるために会社でやってくれている的にしたらどうかと思う。

　皆、会社がお金を出すのが当たり前だと思っているのでそう思うようになった。

親しくなりすぎない

　親しくなりすぎると情が湧き仕事で怒りやすくなってしまう。なるべく遊びにいくなら会社でイベントを作り、会社でコミュニケーションを取る様にする。

　そうすることによって会社で楽しいことをしたと思い会社の結束力が高まる。

　プライベートで親しくなると個人への忠誠心にしかならず会社の結束力にはならない。

平成18年4月

人の使い方

絶対に殴ってはいけない！

　今の世の中殴られて育ってきた人がまずいないので伝わりきらない。

絶対に精神の逃げ場を作ってあげること！

　自分から見て甘いと思ってもそれがその人の頑張っている精一杯なので注意しすぎるとその人は無理矢理やらされている様に感じて続かない。

　注意をしすぎないことがその人に逃げ場を作ってあげることになる。

その人その人のレベルに合わせた仕事をさせる！

　その人のレベル以上の仕事をさせると苦になり続かないので、合わせた仕事をさせる。

　独り立ちしようとする人よりも、とりあえず仕事しようとか、使われている方が楽だからと思って仕事をしている人が多いので、一人前にしようとしても無理がある。

怒らない！　優しく注意する！

　怒って注意しても、その情が伝わらない人が多いため、伝わったとしてもその人の糧になるほどは絶対に伝わらない。優しく注意すればレベルの低い人は「怒られなくて良かった」と、苦

になることがなくなる。少し人情が分かっている人は、「何で怒らないのだろう」と、気にして反省するため。

　※この人たちは、これでやり甲斐を感じるため、罪悪感・悲しさ・情けを感じる必要はない。自分が潰れては何も始まらない。

3 平成 18 年 10 月

自分へ 1

プライドを持ちすぎないこと！

　プライドを持ちすぎると自分の成長が止まり失敗を指摘されても感情的になり失敗に対して自分の何がいけないのかを見直すことができなくなってしまう！

　この8年間、技術的な進歩はあり、できないことが無くなってきたが、次に会社の利益、発展を求めるなら人を増やすか繋がりを増やすことなので何よりも相手の気持ちを汲むことが第一！　技術的なことはプライドを持ってやれば追求心に繋がることが多いが、技術の向上ではなく相手が人となると気持ちを第一に汲むことがしづらくなる。

　気持ちは基準が人によってそれぞれ。

　自分が上司の立場になるのでプライドを持ちすぎて格好つけて言い過ぎてしまったり、下の者の前だからと自分の失敗をごまかしたりしてしまい成長が止まることが多かった！

心から面倒臭いと思わないこと！

　面倒臭いと思って嫌になっても、何のプラスにもならないのと自分の予想外なことが起きただけなので面倒臭いと思うのはワガママなこと、どちらにしてもやらなければいけないので面倒臭いと言いながら笑って心から面倒臭いと思わないで自分をコントロールすることもいいが、できれば面倒臭いことを見ない様にするのではなく面倒臭いことを常に予測していれば予想

外にはならないので行動に移せることもある。

　これらのことを頭に入れ仕事をしていれば周りの人より変われるし、自分の器もでかくなること間違いなし！

自分の腕に自信を持つこと！

　たとえ、やったことのない仕事でも今までの仕事や経験・技術などである程度、予測できることは、やりたくない気持ちや面倒臭い気持ちに負けず自分の腕を信じること、そして確実に1つひとつ終わらせること！

自分の普通を無くす！

「普通はこんなことやらない」とか思っていても、その普通は自分の中の普通なだけで、その普通が正しいことは絶対に無いからだ！

　普通とは、その考えや行動をしている人を多く見ているだけで、全世界の人たちの考えや行動を見たわけではないので誰にでも通じることではない。

　自分の中の「普通」をしてない人を見るとムカついたり無駄にイラついたりするので何のプラスにもならない。

　自分の頭も固くなるし、自分の器もでかくならないし、自分の成長も止まってしまうので絶対に普通を無くす。

4 平成19年4月

なんとなく思うこと

　下の図の様に、愛情が中心にあれば、周りのことが自己中心的にならずに行動できると思う。

　愛情というのは無償の物なので、愛情とは何か、どういうことが無償なのかを知る努力をし、先人の方々に愛を貰ったり、拳骨で愛を貰ったり、説教、会話、ときには突き放すといった、様々な細かい愛情を見逃さないで心にしまっていくことが大切だと思った。

感性　家族愛　自己愛　行動力

異性愛　　　　　　　　　勇気

同情　　　　　　　　　　欲望

会話　　人情　友情　助け合い

なんとなく見えてきたこと

　下の図は自分が世の中を想像して浮かんできた構図を描いてみた。

　実線の円の中にいる人々は心理学で言うとアイデンティティの確立ができていない人たちだと思う。

　アイデンティティの確立ができていない人とは、基本的信頼、自律性、積極性が持てていない人のこと。

　分かりやすく言うと、（基本的信頼）すごく心が傷ついたことがありそれが原因で人を信じられなくなったりすること、（自律性）自分が傷つきたくないから家族、友達などに甘えてばかりで自分一人じゃ怖くて何も行動に移せないこと、（積極性）自分が

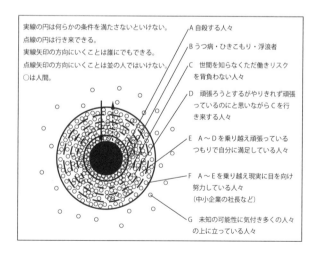

実線の円は何らかの条件を満たさないといけない。
点線の円は行き来できる。
実線矢印の方向にいくことは誰にでもできる。
点線矢印の方向にいくことは並の人ではいけない。
○は人間。

A 自殺する人々

B うつ病・ひきこもり・浮浪者

C 世間を知らなくてただ働きリスクを背負わない人々

D 頑張ろうとするがやりきれず頑張っているのにと思いながらCを行き来する人々

E A〜Dを乗り越え頑張っているつもりで自分に満足している人々

F A〜Eを乗り越え現実に目を向け努力している人々
（中小企業の社長など）

G 未知の可能性に気付き多くの人々の上に立っている人々

何か言うと反対される、嫌がられると思って自分の中で押し殺して発言や行動をできないでいること、だろう。

　心理学ではアイデンティティの確立ができていない人のことをモラトリアム人間と言うそうで、今の自分が成長できるにはまずこのモラトリアム人間から抜け出すことだと思う。
　心理学によるとアイデンティティの確立をするためにはジョハリの窓をすべて把握しなければいけないようだ。
　ジョハリの窓は1955年にアメリカで心理学者ジョセフ・ルフトとハリー・インガムが発表した「対人関係における気付きのグラフモデル」のことを後に「ジョハリの窓」と呼ぶようになったそうだ。

　下の図にある様に自分は大きく4つに分けられることを心理学者が考案した図である。

自分

	分かっている	分かっていない
他人　分かっている	A 開放された自分	B 盲点の自分
他人　分かっていない	C 隠蔽された自分	D 未知の自分

ジョハリの窓

Aはいつもの自分で、Bは普通に接しているのに相手を傷つけてしまってなぜか分からなかったりする自分、Cは言ったら嫌われるのを恐れて自分を隠して他人に気付かれない様にする自分、この3つの自分をすべて分かってくると未知の自分に気付き、いろいろな可能性に気付いたり新しい潜在的な自分に気付いて人生がさらに面白くなること間違いなし。

　だけどその道のりは自分で自分に厳しくしたり、やりたくないのに自分で自分がやる様に自問自答したり、他人に見せたくない自分を自分から見せなければいけなかったりと、想像を絶する過酷な道のりだ。

　だけどそれだけの価値は十二分にあると思う。

　そのときはつらいけど、そのつらさが普通になったときに新たな発見に繋がると信じていきたいと思っている。

6 平成 19 年 10 月

自分へ2

　今までこのノートに書いたことを頭に入れ行動して、いろいろな人と接していたら、なんとなく大事なことが見えてきた。

　それは、愛情なのではないかと……。

　愛情を持って下の者と接していればどんなに腹が立っても怒り過ぎることもなく優しく注意することができ、ふざけやがってとストレスを感じなく、まったくしょうがないなと、愛情で受け流すことができる。

　情とは、愛が無ければ持てないものだと思った。

　客商売で例えると愛情を持って客と接していなければ見透かされたり慕われなかったりしてしまうし、逆に愛情を貰う側になってしまったり自分を作って仕事をして疲れたりスッキリしなかったり、人情にこだわり過ぎて頑固になってしまったり、愛情を持って接していればしてはいけないこと、守らなければいけないこと、客にまた来たいと思って貰うこと、いろいろな忘れてはならないことを自然に守れて必然的にできるのだと思う。

　芸能界で考えてみるとお笑い、女優、グラビア、歌手など、やはり愛情を第一にしないと伝わらないものばかりだし、自分の今のレベルで考えてみるとすべては愛情の中に答えがあるのではないかと思った。

　金欲だけに走ってしまえば金はあるけど友達がいないとか何かを失ってしまったりするので金欲を愛金欲にすれば、金に目

が眩むことも無くなるし愛情で友達に金を使ってあげることも
できること間違いなし！

　何事も愛を持って接すれば今の自分はすべて上手くいきそう
な気がするので実行したいと思う。

　※愛情といっても深いので愛情を単に真似しない様に！

　※愛情とはノーメリット・ハイリスクを気に留めず心をあげ
　　ること！！

仕事の教えからの流れ

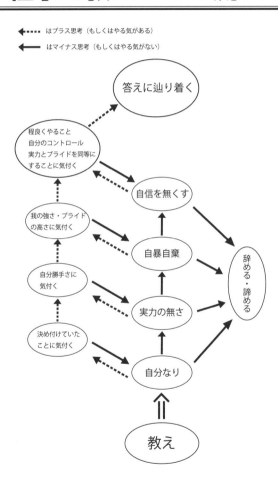

8 平成20年2月

自分へ3

　この数カ月愛を持って自分なりにやってきた。

　そうしたら周りの人たちから相手を立てることや相手の立場を弁えること、それらを考えて発言することを注意されたり、指摘されたり、教えていただいた。

　どうやら愛情だけで接していいのは、本当に心から仲のいい友達と2人でいるときや愛している人と2人だけでいるときにしか素で接してはいけないことが分かった。

　自分の周りにいる人たちは自分以外にも繋がりがあり、その繋がりに少なくとも自分も繋がっているので、その繋がっている自分以外の人の繋がりを壊さないように考えて接していかないと繋がりのある人を怒らせたり傷つけたりして友達や大事な人を間接的に傷つけたり悪い噂を流してしまったり、尻拭いをしなくてはいけなくなって面倒な思いをさせてしまうことになる。

　そうしたことを上手くできなければ繋がりも無くすし広がることもない。

　この世の中で何かを成し遂げて上にいきたいのであれば、面倒臭がらないで仲よくやっていかなければ無理な気がした。

　本当に仲のいい友達や愛している人との「仲よく」と、知り合いや知り合いの知り合いとの「仲よく」と、普通の友達との「仲よく」と、仕事の上司、仕事繋がりの人々との「仲よく」などで愛情や心の接し方を変えないと上手く回らないと思った。

いろいろな「仲よく」の種類の勉強をしていき、自分が周りより物事を知っていると過信しない様、気をつけて、また何か見えてくるまで実行していきたいと思う。

　自分はまだまだ子供だと心底痛感した。

　すべてを上手く回す為に。

　※自分第一にならず何よりも繋がりのことを考えて話をすること！

　※調子に乗り過ぎないこと！　威圧しないこと！

親友・親・愛している人と2人でいるとき

　自分の愛情をそのまま出していい

親友・親・兄弟・愛している人の繋がっている人たち

　自分の愛情で接していいが繋がりを壊さない様に大切に接すること

仕事で繋がっている人たち

　立場を壊さない様に仕事の立場、状況などを第一に考えて自分の持っている愛情で繋がりを大切にすること

　※すべての人たちに愛情で接するのだがこの様に愛情を使い分けることが大切！！

9 平成20年2月

持論1

今まで自分が強くなることに力を入れてきた。

初めは誰にも負けない強さを求めて暴力や根性に力を入れていた。

そして気付いたら周りには暴力好きな人が多くなり、真面目な人たちには恐がられ孤独を感じることが多くなった。

昔よくハブかれ、大勢対一人の圧力で言うことを聞かせようとされることが多く、自分は負けることを嫌い強くなることを選んだのだが結果変に強くなり過ぎたことに気付いた。

力や暴力だけが強さではないことを……。

力や暴力に捕らわれ、人に優しくすることを忘れていた。

それから何かに捕らわれない様に気をつける様になり、自分は人一倍頑張っているのだと思いながら生きていた。

その後、結婚をして順風満帆だと思っていたら、離婚をして金も無い、何もない状況に直面し、自分の不甲斐なさに気付かされた。

それから今まで生きてきていろいろな強さがあることに気付いたので書き記しておこうと思う。

弱さを見せる強さ・1つの物事に捕らわれない強さ・見返りを求めない強さ・相手を大事に思う強さ・人の意見を聞き入れる強さ・自分を責める強さ・相手を責める強さ・失敗を気にしない強さ・すべてを受け入れる強さ・逃げない強さ・立ち向かう

強さ・異性を愛する強さ・適当にしない強さ・真面目に生きる強さ・人と話し合う強さ・何事も許す強さ・気にしない強さ

　まだまだあると思うが、この1つにでも捕らわれたりこだわったりしてしまえば無理に我慢してしまったり相手に当たってしまったり後悔したりといいことがないことが多かった。

　いいことといっても人それぞれだが、自分は「強さ」という言葉の中にいろいろな強さがあるのだと気付き、その1つひとつに捕らわれずにいることでこういう強さもあるのだなと、勉強させられ、負けない強さや暴力などの強さを嫌に感じる様になり勉強するチャンスだと思う様になった。

　まぁ、今までの自分の人生経験でこういう考えになったので、これを人に教えてもその人の役に立つかは分からないが、ひょっとしたらその人たちの何かのきっかけになったら嬉しいとデカイことを考えたりもする。

　結局は、何事もほどよく大事にすることがどうやら自分の成長のカギになりそうだ。

　今のところは、このノートを書いてから徐々に仕事も上手くいき、立場も上に昇っているので自分や誰かの役に立てばいいと書いているが、自分がこの先何かを成していなく、ただの雇われでいればこのノートも無駄に終わるだろう。

　まぁ、結果が出るまではこのノートを書いていれば自分の見直しにもなるし、何かの役に立つことは間違いない。

　でも、いつまでこんなことを続ければいいのだろうと悩んでいたが、そんなときに自分のことを理解し、心を支えてくれる最愛の人が現れた。

やはり何かがあるとしか思えないので続けようと思った。
また何か持論が出てきたら書こうと思う。

10 平成20年6月

持論2

　今まで自分は何にも捕らわれない様に努力していた。

　それで気付いたことは捕らわれない様にと思っているだけで捕らわれていると……。

　要は、常に周りに気を配り、自分の身勝手さを自分で見つめ直し気をつけ、相手の立場、状況、義理事、道理、思いやり、感謝などを弁えていることが捕らわれていないことではないかと思った。

「捕らわれない様に」という言葉の意味もよく知らずに……。

　人間の思い込みの力は凄いと実感した。

「絶対に逃げない」という言葉も、意識していると捕らわれ肝心なときに聞く耳を持てなかったり、意地っ張りになったり、ときにはプライドを捨て相手の話を聞かなければならない場面でもプライドを捨てることが逃げに感じ、素直になれなくなったりしてしまう。

　この様な様々な言葉に捕らわれている様では、自分はまだまだ未熟者である。

　もっと精進しなくてはと思う。

　これからは物事や常識、義理事、道理、礼儀、様々な人の考え方などを勉強しなくては次の段階にはいけないのではないかと思う。

　そしてもう1つ気付いたことがある。

　それは、下の者の育て方や相手と分かり合いたいときは言葉

で伝えることも大事だが何よりも我慢することが大事だと……。

　我慢をすればするほど相手にその気持ちがいつか伝わり心を開いてくれるということ、しかし我慢というのは凄く嫌でつらいこと、なので我慢しないですぐに言葉で分かってもらおうとしたり、力で従わせようとして分かり合えないでケンカしてしまったりして、相手との関係を終わらせてしまう。

　しかし、文句を言わないで常に我慢をしていればいつか気付いてくれる。

　気付く時間の長さは人それぞれではあるが、相手が人間である以上、我慢をしていればいつか気付いて分かってくれることは間違いないと思う。

　何も文句を言わないで笑顔で「いいよ」と常に言っていれば相手はまず間違いなく何で文句を言わないのだろうとか、こんなに迷惑かけているのにと、自分を見つめ直してくれる。

　逆に言葉で分からせようとしたりすると相手が自分で実感していないので言われたことをそのままやろうとしてしまうし、融通がきかなくなってしまう。

　その結果、自分が相手をそう育てたのにもっと怒ってしまったり追い込んでしまったりと悪循環になってしまうことが多かったので、我慢していることが先に繋がり、分かり合うことができるのだと思った。

　それが人に対しての伝え方なのではと……。

　この先、我慢して我慢して分かり合えた人たちばかりに囲まれていたとしたら、その我慢は果たして我慢という言葉なのだろうか？

　今日からしばらくこの書き記したことを頭に入れ精進してい

きたいと思う。

　また何か気付いたら書き記そうと思う。

　上にいく為に。

11  平成20年8月

持論3

　今まで自分は持論2のことを頭に入れ努力していた。

　我慢していて気付いたことがあった。それは今まで自分はこういう生き方をしたことがないので我慢に感じていたと……。

　本当は我慢ではなく、これが「優しさ」であり、「思いやり」「愛」なのではないかと思った。

　我慢していて自分は、イライラしたり、仕事に支障をきたしたりしたが周りの人たちには当たることはしない様に努力や我慢していたら周りの人たちがその分優しさをくれたり、その分動いてくれたりと、有り難いことばかり起こった。

　そうしているうちに、我慢が我慢に感じることが徐々に少なくなっていき、イライラすることも仕事で支障をきたすことも少なくなり、ゆとりを持てる様になり、より一層、人に対し優しくなれる様になった。

　こんなことを繰り返しているうちに、自分の周りには自分のことを嫌う人や文句を言う人がいなくなり、むしろ逆に好かれることや慕われることが多くなり日々有り難いことの多さに感謝する様になった。

　自分が思うに上にいく為には、多くの人たちの信頼や繋がりを得ることが何よりも大切なことだと思った。

　いくら仕事ができても、人の信頼がなければ仕事はこないし、自分一人では本当に何もできないと……。

　これからは、より多くの人たちを大切にし、優しくしていく

ことを目標にして精進していこうと思う。

　ただし、大切にして優しさを使う人は悪い意味ではなく、今後に繋がる人をしっかりと選別する必要があることを頭に入れ、今後に生かしていきたいと思っている。

　そして、やはり上にいく為に必要なのは、誰よりも想像することと誰よりも多く考えることが自分の成長にもなるし、成長が止まらないことだと、このノートが証明してくれている。

　今日ノートを書き終えてからは、この持論3を頭に入れ、精進していきたいと思う。

　次は何を発見できるか楽しみになり、人生が、生きることが楽しくなってきた。

　また何か気付いたら書き記したいと思う。

　上にいく為に。

持論4

　今日までこのノートに記したことを頭に入れ実践していたら不思議なことに考えることや我慢すること、いろいろなことが苦ではなくなり自分の中では当たり前のことになり、大変なこともない、つらいこともない、悩み苦しむこともなくなった。

　そして自分は思った。

　これが大人なのではないかと……。

　我慢がつらいと思うことも、我慢している物事を理解していないから我慢するしかなくなり、つらいと感じてしまうし、考えることがつらいと思うことも、考えることの必要さを理解していないから考えなければいけないと思い、強制的に考えるしかなくなり、つらいと感じてしまう。

　今まで自分はいろいろな物事を理解しているつもりで決めつけていたことを心底痛感した。

　そして理解するためには行動し、失敗し、改善し、また失敗し、ただ失敗を繰り返すのではなく、自分が失敗したとき、自分が考えられるすべての失敗の原因や改善方法を行動に移し、失敗を繰り返せば必然的に答えに辿り着くことが理解できた。

『持論2』の終わりの方で自分はこの先、我慢して我慢して分かり合えた人たちに囲まれていたとしたら、その我慢は果たして我慢という言葉なのだろうか……。と述べているが今なら分かる気がする、我慢という言葉ではないと。

　これが思いやりであり、愛情だということだ。すべては愛情

なくしては始められないと再確認した。人は愛情があるから人なのだ。

『自分へ2』でも愛情のことを述べているが今読み返してみると愛情のあの字も理解していなかったのだと痛感する。

　これほどまでに愛情という物？は無償の物なのだと思った。そして思う。愛情という物だけは、理解できないのではなく、理解してはいけないのだと……。

　理解した時点で愛情ではなくなってしまうのではないかと……。

　これからは愛情で接しようとするのはやめて周りの人と楽しく、そして仲よくして人生を歩んでいこうと思った。

　上にいく為に。

13 平成21年5月

人間分析

　心理学でも証明されているが、人間は物事を決めつけて納得しないといられない生物だ。

　分かりやすくいうと、例えば喫茶店でデブな人が1人でテーブルいっぱいに食べ物を注文していたら大抵の人は、だからデブなのだなと思うだろう。

　だが、もしかしたら友人と待ち合わせしていてその友人が俺の分も先に注文しておいてくれと、頼んでいたのかもしれない。

　最初にデブな人を見て友人の分も注文しているのだなと思う人はまずいないだろう。

　この様に、人間は物事を決めつけて納得しないといられない生物なのだ。

　その性質を理解すれば上にいく道が開ける。

　例えば仕事で失敗をして直したいと思っている人がいたとして、なかなか直せないで悩んでいたとする。こういう人は仕事に対して物事を決めつけ納得していることが多い傾向がある。自分が今まで見てきた限りでは人間が失敗や間違いを引き起こすときはしっかり理解をしていないときや決めつけで行動をしていることが多い。

　そして失敗の多い人ほど、その失敗を見つめ直すことを怠っていることが多く、失敗の少ない人ほど、その失敗を見つめ直し、決めつけない様に理解しようと努力していることが多い。

　自分は周りの人よりも上にいきたいと思うので、人間は決め

つけていることを理解していくことが上にいくカギになると思う。

　その決めつけていることが社会に適しているか適していないかで社会での地位や立場が決まってくるのではないのか？

　自分の中で社会に適している決めつけと適していない決めつけを見つけられれば自分が上にいくための道が開けるのではないかと思った。

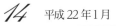 *14* 平成22年1月

持論5

　今日まで自分はこのノートに書き記したことを実践したり読み返したりして生きていた。

　そしてあることに気付いた。

　自分は自分と戦っているのだと、人生は自分次第とどこかで耳にした覚えがある。その言葉の意味も今は分かる気がする。何事も努力するということは遊びたい自分や逃げたい自分を向上心などで押さえつけなければならない！　押さえつけるもつけないも自分次第だからだ。

　なぜなのか……？

　そんなことを考えていたらあることに気付いたので書き記しておこう。

　きっと人は皆、生まれたときから－(陰)と＋(陽)の思考を持って生まれてくる。なぜ－と＋の思考を持って生まれてくるのか？

　それは自分にとって－な出来事が起きて－思考でいたら「なぜ私だけが」とか「何でいつも」と考えてしまって気持ちが落ちてしまう、逆に＋思考でいたら「どうにかなるさ」とか「自分が悪かったから次こそ」と考えて次に繋がる可能性が高くなるからだ。

　だから－な出来事が起きたときに＋思考を使うために＋思考はあるのだと思う。

　では－思考は？

　きっと＋な出来事が起きたときに＋思考を使えば「自分は他

の人よりすごい」と自分に満足してしまい自己満足でしかなく
なり心で幸せを感じられなくなってしまう、逆に－思考を使え
ば「こんな自分に」とか「有り難い」と考えて幸せを心から感
じられ自信に繋がる可能性が高いからだ。

　人は何事もほどよくすることが大切なのだ。

　だがしかし、自分が見る限り自分も含め現代の人は－な出来
事のときに－思考を使い苦しんでいる人が多く、＋な出来事の
ときに＋思考を使い天狗になって人を見下していたり、金に走っ
ていたりする人が多く心から笑っている人を見ることがまずな
い……。

　悲しいことだ。

　このノートを書きながら思ったことだが、自分の周りの人た
ちから何か伝わっていくことを祈りながら自分だけでも心から
笑っていようと思った。

　上にいく為に。

持論6

　最近は自分の不甲斐無さやミスなどを痛感することが無くなった。

　自分を追求することも無くなり次は何をすればいいかと思い始めていたが、最近になって極度に社会的な相談や仲介に入ることが多いことに気付いた。

　相談や仲介に入る度になぜ聞く耳を持たないの？　なぜ自分がすべてを引き起こしていることに気付かない？　当たり前のことができてないからだろう？　なぜそんなことで苦しむ？　思っているだけで行動しないからだろう？　そんな単刀直入な返答に、皆が皆口裏を合わせているのかと思うくらい顔を歪める人が多かった。

　自分は相談に対し、よくなるための考えを言ってみたのだが、単刀直入なのがいけなかったのか分からないが言葉がキツイ、決めつけている、口うるさい、などの意見が多く毛嫌いされることが多かった。

　これでは相談が解決していないので改めて言葉を変えてみた。

　なぜ聞く耳を持たないの？という言葉に、お前の気持ちすごく分かるよ、何で周りの人は分かってくれないのだろうな？指図ばかりしてきて嫌になっちゃうよな、でも悔しいけどそれが社会なのかもしれないね、俺等はまだまだ子供なのかもしれないなぁ……どう思う？と言い換えると、そうだよなぁ俺等はまだまだ子供なのかもな、頑張らなきゃな！と言い聞く耳を持

つことが多い。だがまた同じ様なことで悩んでいることも多く、きっとこういう人に「俺等」ではなく「お前」「あなた」で言葉を発していたら聞く耳を持てていなかったであろう。

　自分の中では向上心があるから相談して来ると思っていたがこういう人の場合は、甘えたいが故に相談して来ることが分かった。バカバカしいからやめようとも思ったが、しかしこういうことも何かの縁、少しでも自分に関わる人を笑顔にして繋がりを大切にしていけばまた何か見えそうな気がする。

　まぁ、顔を歪める人が大半だが、中には素直に「ありがとう」とお礼を言い、やる気に満ち溢れる人もいる。

　こういう人は「お前」「あなた」で言葉を発しても顔を歪めず、むしろ楽しそうにどんどん質問してくる。こういう人は同じ様なことで悩まなくなる。この差はなんなのか？　同じ人なのに？　そんなことを考えているときにある人が教えてくれた、宇宙（すべて）は2：8の法則で成り立っていると。

　確かに2：8でいろいろと照らし合わせてみると、成功者に比べて成功者になれない人の方が半数以上いる。金持ちに比べて金持ちではない人の方が半数以上いる。強い人に比べて弱い人の方が……。

　頭がいい人に比べて頭が悪い人の方が……。

　努力する人に比べて努力しない人の方が……。

　人を殺す人より殺さない人の方が……。

　虐待する人より虐待しない人の方が……。

　大まかだが当てはまっている気がする。

　世の中が2：8という摂理でできているというのが確かなら自分は2：8の2側の人間だと確信した。

　では「この差はなんなのか？　同じ人なのに？」というのは

同じ人に違いはないけれど、人間関係も2：8で成り立っていると仮定するとすべて納得がいく。

それは2：8の2側の人間は多くの人々の上に立ち何かをしたいと思っている人だとして、8側の人間は信頼をおける人の下で安定した生活をしたいと思っている人だとすると、確かに2側の人の方が少なく、8側の人の方が多いことが納得できる。

となると、自分が考えていた「この差はなんなのか？　同じ人なのに？」と、悩んでいたことは、自然の摂理に疑問を持っていたことになる。

2：8の法則が本当なら、なぜ地震が起きるのだろう？　なぜ台風が起きるのだろう？などと悩んでいるのと同じなのだ。

地震が起きたときに悩む人はいない。まず地震のレベルに合わせて逃げるなどの対策を立てるだろう。

つまり「この差はなんなのか？　同じ人なのに？」と悩む人は8側でその逆の2側はどういう思考なのかと思うと興味が湧いてくる。

今日からはこの2：8という摂理を頭に入れ精進していこうと思う。

上にいく為に。

持論7

　今日まで自分は、ノートに書いてきたことを頭に入れ生活して スムーズに物事が進む様になり、悩むことが無くなった。

　そこで自分は、このノートを周りの人に見せようと思い、読んでもらっていたらある人に何で嫌にならず、手を抜かずに物事を進められるのかという質問を受けたので書き記しておこうと思った。

　まず、大まかに言うと自分の目標は上にいくことなのですべての物事に手を抜かず、嫌にならずに進んでいけば上にいく道が自然と切り開かれるのではないのかと思い漠然と行動していた。

　なぜそう思ったのか？

　それは、周りの人たちが物事に対し嫌になったり、手を抜く人しかいないことにふと気付き、そしてその人たちが嫌になったり、手を抜いたことが原因でミスしたり、怒られたり、嫌われたりと悪循環の中で苦しんでいるのを見て、そのとき自分もその中にいることに気付き、自分に失望し深く落ち込んだ時期があった。

　そして自分が出した答えは「この中から抜け出したい」というものだった。

　このときの気持ちがキッカケだった。

　そしてこの時期の自分にはやりたい仕事はなかった。

　ではどうしよう？

考えた結果やりたい仕事ではないがやりたい仕事が見つかるまでとことんやろうと思った。

　それはなぜか？

　やりたくない仕事で手を抜かず、嫌にならずに行動できる様になればやりたい仕事が見つかったときに、今の3倍は気持ちよくそしていい仕事ができると確信したので手を抜かず、嫌にならないことを意識していくことを決意した。

　だが、ここからが苦難の始まり。「世の中はそんなに甘くない」よく聞く言葉、まったくもってその通りだった、と今は言えると思う。

　単純にやりたくない仕事で手を抜かず、嫌にならず行動するなどということを目の前の目標にしてしまい、どれだけ無謀なことを言ってしまったのだと……。

　この時期の自分は無我夢中で我武者羅に行動していてもちろん嫌になり、手を抜いたりすることを繰り返して目標を達成できない自分に何度も失望し、自暴自棄になったりと苦難の連続だった。

　言葉では簡単に言えてしまうが言葉通りに行動することの難しさを心底痛感した。

　そこで言っているだけ、思っているだけでは無理だと思いノートに書き記しておこうと思う様になった。

　人間は嫌なことから逃げる癖のある生物なので言っているだけや思っているだけではいくらでも言い訳できるし、言ったことを忘れることもできてしまうので自分の意志では逃げてしまうと確信したのでノートに書いてしまえば、そして書いた日付を残しておけば、その書いた目標が達成してなくて何日、何カ月前の自分が書いたものかが分かれば自然に自分のケツを自分

で叩くことができると思い書き記し続けようと思った。

　これがノートを書くキッカケだった。

　こんなことをしているうちに、最初は苦でしかなかったが、手を抜かないことや嫌にならないことを意識しているとその部分を買ってくれる人や苦よりも喜んでもらえる嬉しさの方が強くなり、維持することができる様になってきたのだと思う。

　そして嬉しさの大きさは苦の大きさの分だと気付いたから、手を抜きたくても嫌でもその苦の大きさが大きい分、嬉しいことがあると信じて……。

　いや、確信している自分がいるから嫌にならずに物事を進められているのだと思う。

　改めて振り返って書き記してみて自分は、いろいろな人たちにキッカケや優しさを貰っているのだと気付いた。

　いろいろな人を大切にすることもすごく大切なことだとより一層思った。

　また、質問などがあったら書き記したいと思う。

　そしてまた改めて大切なことを勉強していきたいと思っている。

　上にいく為に。

持論8

　今日まで2：8という摂理を頭に入れ8側の人たちを理解するために専念し2年が経った。

　そして何となく見えてきたことがある。持論6で「この差は何なのか？　同じ人なのに？」と述べているが、きっと、人は産まれた時点で考えられる上限や心の強さの上限などが決まっているのではないかと思う。この上限が皆一緒なら個人差はでないだろう。

　ましてや自殺してしまう人もでないだろう。

　個人差もあるし自殺もあるのが現実なので、上限は産まれた時点で決まっているのだと思う。

　このことを踏まえて考えると、多くの人達の心の上限を把握しなければ上にいくことはできないと思った。

　今の世の中は人の世、人が作り上げたルールで成り立っているので上にいけばいくほど多くの人を動かし、多くの人に影響を与えることのできる人間にならなければ上にいく可能性は低くなる。だが無理に人を動かせば人はいつか動かなくなるだろう。

　なので、できるだけ多くの人たちの心の上限を把握できれば無理をさせすぎないラインでお互いに気持ちよく動けるだろう。

　上限と一言で言ってもそれを把握することはかなり難しいことだ。

　たとえば1人の人間の努力の上限に対しての仕事量、このことだけならまだ簡単だ。

このことプラス、この人間の生活レベルに見合う金額、この金額を決めるのは余程利益のある会社でない限り、生活レベルに見合うギリギリの金額であろう。

　ここから厄介なのが、人間の欲だ。

　金額は多ければ多いほどいいと思う金欲、そしてらくして稼げればと思う欲、これが厄介だ。

　これを解決するには仕事場をいい環境に作ってあげることだと思う。

　生活レベルのギリギリの金額だとしても、週休2日制や終わりじまいなどが定期的にあれば周りの会社よりは条件のいい方の会社になり多くの8側の上限を超えない可能性が上がり、より多くの人たちが集まるだろう。

　例えば週休2日制、終わりじまいで月給20万という条件で考えると月間20〜23日労働で、祭日祝日休みがあると、実質19〜22日労働になり19日労働の月で1日¥10,526-、22日労働の月で1日¥9,090- になる。初任給では悪くない条件だと思う。そして1日の仕事のノルマが終われば定時前だろうと帰宅できるというシステムがあったとしたら少しは8側の人達の欲は満たされるのではないかと思う。

一カ月会社運営費 ÷ 社員一同一カ月出勤日数 = 社員一同ノルマ
（給料含む）

社員一同ノルマ ÷ 社員一同人数 = 社員ノルマ

※ 会社一日売上平均 － 社員一同ノルマ = 会社利益

この考えは製作業でのみ考えている。

　この会社利益が出ないのであれば仕事ではないし、会社ではないと思う。利益があるから仕事であり会社になるのだと思う。

　自分はまだ会社を興していない身なので的を射ているかは分からないが最低でも8側の人たちが気持ちよく働ける環境で「会社利益」をクリアできる仕事を見つけられればこのシステムを実現できるのではないかと今の自分は思っている。

　だが自分も人間、このことが実現できたとしても欲に飲まれ、金を追いかけ8側の上限を忘れてしまったらすべてが台無しになるということを忘れない様、心に留めてこれからも精進していきたいと思う。

　上にいく為に。

持論9

　今日まで自分は人の心の上限を気に留めて生活をしていた。

　やはり心の上限は人それぞれで頑張る上限も心の上限次第で人によってかなり差があるのだと思った。

　だが、産まれた時点で心の上限が決まっているのではないかという憶測は違うかもしれない。今の自分が思うのは幼少期の経験や環境で心の上限は変わるのではないかと思う。

　例えば今の日本で車にひかれて人が死んでいたとする。ほとんどの人は普通に横切ることはできないであろう。パニックを起こす人もいれば慌てる人もいるだろうし、冷静でいられる人は少ないだろう。

　しかし、貧困の激しい国では人の餓死などは当たり前なのでパニックを起こす人や慌てる人の方が少ないだろう。

　この様なことを考えてみると、幼少期の経験や環境で心の上限が変わるということがうなずける気がする。

　ということは、その人がどの様な環境で生きてきたか、どの様な経験をしてきたかを知ることでその人の心の上限を知ることができ、無理をしないで仕事をさせることができるだろう。

　しかし、その人の経験や環境を知ったとしても自分がその人の経験や環境を経験していなかったり、明確にその人の経験や環境をイメージできないでいて共感できていなければ、その人に無理な仕事をさせ過ぎてつぶしてしまうことになるだろう。

　それを避けるためには、一般的に考えられる苦しい経験、悲

しい経験、辛い経験、嬉しい経験、悔しい経験、面倒な経験などをなるべくすべて経験し、一般的に考えられない経験も数多く経験することが第一条件になるだろう。

「可愛い子には旅をさせろ」「若いうちの苦労は買ってでもしろ」「経験がすべて」などという言葉はそういう意味でもあるのかと今は思う。

しかし、ここまでのことを言っている意味ではなく、この言葉を知った時点でのその人の経験値や価値観で意味を選択できる深い意味のある言葉だなぁと今の自分は思った。

今、言ったことを実践し、先人の方々が作った言葉を当てにするのではなく自分のあとに生きる人たちに、この様な言葉を残せる人間を目指し精進していきたいと思っている。

又、このことを精進して一歩成長できたとき、また新たなものが見えることを今の自分は確信している。

上にいく為に。

19 平成25年9月

持論 10

　ノートを書き始めて7年が経ち、ふと自分という人間を客観的に見てみると、周りと比べて物事を明確になるまで異常なほど考え、行動していることに気付いた。

　周りの人から見た自分は異常な人に見えるだろう。

　なぜなら自分は今いる環境の中での「考える」ということの一般的なライン（普通）を超えているからだ。

　一般的に考えて、ただ上にいきたいという気持ちだけで答えも無いのに7年もの間、自分の探究心をノートに書き続ける人はいないだろう。

　この7年間の自分の疑問を探究し続け、ノートに書き続けたことで大きな物を自分は得ることができた。

　それは「考える」ということに対してのメンタルの異常なまでの強さだ。

　このメンタルの強さを得たおかげで自分の身の周りのことや仕事、仕事の段取りなどを細かく明確にし、行動していることで失敗することが激減し物事がかなりスムーズに進む様になっていることが分かった。

　今の自分の物差しで考えると、物事を行動していくにあたってその物事を明確にし、行動していく明確な順序を決めて行動していけば必ずいい結果が出るのは当たり前なことだ。

　だが、この当たり前のことができずに物事を明確にする前に面倒臭がり、半端な行動をしてしまう人が多く何事もうまく回っ

ていないのが今の世の中の現状だと思う。

　すべての人が自分自身のことを二の次にして物事を考え明確にし、行動できれば何事も上手く回るのにと、思ってしまう。

　だが、そんなことはあり得ない！　自分は単純に自分の身の周りだけ明確にしていれば上にいけると思っていた。

　しかし、自分にきた仕事だけ問題なく回しても、その仕事をくれる人たちが明確に考えられる人でなければ、その仕事をくれた人を中心に仕事が回るので明確に行動することが難しくなってしまう。

　そんなことを考えていたら、その仕事をくれる人に要望するのではなく、自分がその位置にいけばもっとスムーズに物事が回ると確信に近い考えが出てくる。

　現状の立ち位置よりも上にいくには、会社を興すための情報、会社を興したときの情報、金銭の流れ、必要な金額、周りの会社との立場、立ち回りなどを勉強しておく必要がある。

　自分はまだ今の仕事の相場をすべて把握していないが、周りの会社は仕事を明確にしきれていないのがほとんどなのに存続している。

　なぜ？　ということは何とか回せる相場なのか？　それくらいの仕事でいい業種なのか？　だが、問題が起きると責任を擦り付け合っている現状、ということはやはりなんとか回せる相場なのだろう。

　では、その問題を軽減させて明確にし、報告して回すことをすれば自分を頼りにして信頼してくれることはまず間違いないであろう。

　自分が何かことを起こしたときに社会のルール、法則、摂理

のレベルの度合いが知れるときが実に楽しみである。

　そのときがきて「こんなものか」と思うか「こんなに大変なのか」と思うかは今の自分の努力次第である。

　焦らず自分のペースで勉強し、精進していきたいと思う。

　上にいく為に。

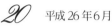
持論11

　自分は今の仕事を始めて15年が経ち、社会に通用する腕が持て、あることに気付いたので書き記しておこうと思う。

　1つのことを極めるには、その1つのことに対しての失敗をすべて経験することが第一条件であることが分かった。

　そしてそのすべての失敗のいいとこ取りをしていけば、おのずと研ぎ澄まされていくということ。

　だが、そんなに簡単なことではない。何が簡単ではないかというと、そのすべての失敗、何回失敗しているかは分からないが、その数あるうちの1つの失敗を挙げると、まず失敗をするまでの行動、経緯があることが分かる。

　仕事で例えると、まず「説明を聞く→作業→完成」だとする。この行動、経緯の中で失敗があったとするなら、説明の解釈が違うか作業ミスの場合が考えられる。例えているだけなので予測でしかないが、失敗をした当事者なら容易に分かることだと思う。なのでさっきの例えを改善すると「説明を聞く→説明された事の確認→作業前の段取り→作業→作業ミスの有無の確認→完成」としていくと、おのずと研ぎ澄まされていく。
「説明を聞く→作業→完成」の中で説明を聞くことはよかった、作業することもよかった、完成させることもよかった、なのでこの3つの行動は取っておき、至らなかった行動を加えるということが大切である。

　もちろんその逆で先に至らぬ行動をしてしまい至らぬ行動を

省くという場合もある。

　この経験をしていかなければまず研ぎ澄まされていくことは無いだろう。

　ということは、いかに早く失敗に気付くか、改善するかで自分の腕のよしあしが決まるということだ。

　だが、そんな単純なことではない。実際に自分は15年の中で半分以上は自分の怠け癖や聞く耳の無さや頭の悪さで無駄にした。

　石の上にも3年とは、先人の方々は凄い言葉を世に残したなと感心する。

　意味はどんなに苦しくても大変でもじっと辛抱強く耐えていれば必ず報われるということだが、自分の解釈だと「石の上」の意味は、何気ないことや単純なこと、面倒臭いこと。
「3年」の意味は嫌気が差す年月のこと、これを続けることによって怠け癖などの自分を向上させまいとする悪い自我に否が応にも向き合うことによって悪い自我を抑制することに繋がり、欲に溺れた目ではなく、曇りなき眼で自分の成長に繋がる道を選ぶことができる様になり、報われるという意味で、辛抱していればいいことがただ訪れるのではなく、必死になり悪い自我と向き合い、逃げずに改善し、辛抱し続ければおのずと本当に自分にとっていいことが分かる様になるということだと思っている。

　今は仕事のことでのみ書いているが仕事だけではなく、金の使い方や異性関係、人間関係、日常生活にも当てはめることができると思う。

　自分は今まで仕事のことでしかこのことを試していないので、次は仕事以外でもこのことを頭に入れ、数多くの失敗をし、精

進していきたいと思っている。
　上にいく為に。

持論 12

　持論11で述べている様に、物事の経緯、道理、摂理を気にしながら仕事以外でも行動していく様心掛けていたら、ひょんなことから自分の仕事の独立という話があがり、いきなりのことだったので一瞬怯み、独立の話を断ろうと思った。

　だが、なんとか思い留まり考えてみた。物事の経緯の流れで改善してきた結果、独立という話があがったのだとしたら……。「たまたまだ」と否定するのは簡単だったが、もし物事の経緯を改善してきた結果、必然的にあがった話だとしたら、独立を行動に移さないと物事の経緯、道理、摂理を証明することや持論11を否定することになる。「独立することでしか上にいけない」と思い、今年平成27年1月に独立した。

　今までは社員で、社長に言われたことを忠実に、そして効率よくやり利益を上げればよかったが、これからは会社を経営していかなければならない。持論11を応用して「独立する→会社を興す→成功する」という物事の経緯、道理、摂理だと当てはめて考えると、何も考えず「独立する→会社を興す」では失敗や損失を出す可能性が高い。なので今の自分の知識で考えると独立してから会社を興すまでの経緯、なぜ会社を興す必要があるのか？　会社として確立させるためには何が必要か？を知る必要がある。

　今の自分は個人事業主であって会社（法人）ではないので、まず個人事業主から会社にするにあたっての必要性、例えば年商

がいくらまでなら個人事業主の方が税金が安く済むだとか、会社にした方が経費計上できるなど、あげればきりがないほどの、個人事業主と会社の制度を知る必要がある。このことをすべて熟知するのは無理があるので、できる限り把握し熟知している税理士を雇い、アドバイスを貰いながら物事の経緯、道理、摂理に反することなく、行動していけば個人事業主として上にいけるのではないかと思う。

　このことを頭に入れ行動していけば、例えば確定申告間近の時期にこのまま行けば個人事業主の所得が500万になるとする、そこで税理士にアドバイスを貰い330万以下に下げれば10％税率が下がるということが分かり、設備投資に100万、従業員賞与に40万、宣伝広告費に30万、接待交際費に20万とすると所得500万が310万になり、500万に対しての税率が20％で100万、310万に対しての税率が10％で31万、差額69万の税金を払わなくてすむし、設備は整う、従業員は向上する、お客の認知度は上がり、190万使ったが100万の税金を支払っていたら90万しか使えなかったので、税金で支払うよりも周りが満たされることになる。

　税金は支払わなければならないものではあるが、この様に制度が決まっているため、制度に従って節税やコスト削減を心掛けていけばこの先上にいける道に繋がるのではないかと思う。

　従業員だった頃は、仕事内容を知り、仕事内容に対しての段取りや効率のよさを追求していたが、その行動が自然と日常的にできる様になり、さらに上を目指していたら従業員という枠を超え、次は事業主という枠になり、事業主の枠の仕事内容を知り、仕事内容に対しての段取りと効率のよさを追求して、内容や難易度は違うが物事の経緯は一緒だなと思い、こんな自分でもまだまだ上にいける可能性が努力すればあるということに

嬉しさを感じる。

　こんな中卒の自分が……「有り難い」。

　今まで努力から逃げずにいたことを初めてよかったと思った。

　こんな自分が一般的な収入よりも稼げて従業員を雇い、収入を分け与え自分に関わる人々にいい環境が提供できる立場にあることを忘れず、ブレず、日々精進していこうと思った。

　上にいく為に。

持論 13

　独立して1年が経ち、この1年で学んだことを書き記しておこうと思う。

　まず学んだことは、従業員の頃に予測して覚悟していた独立して1人でやっていくことのプレッシャーの大きさだった。

　覚悟はしていたが予測を遥かに上回るプレッシャーだった。

　まだ従業員だった頃に先人の社長方から駆け出しの頃は夜も寝つけないほど大変だったなど、そういった話を多々聞いていたので自分の考えられる最大限のプレッシャーを想定し備えていたが平成27年11月末頃に年内の仕事がパッタリ無くなったときがあった。

　このときには従業員2人、外注1人を使っていたので計3人の仕事を確保しなければならなかった。

　実際に経験して思ったが、こういうときには自分のことは二の次で、まず従業員の給料をどうしようと思うプレッシャーが重くのしかかってきた。

　この時期は自分の本業での元請けは一社だけだったのでどうしようもなかった。

　そして自分は従業員に自分の力の無さでこうなったことに対して頭を下げ畑違いの仕事でも何か取ってくるから今は少し耐えてくれと、お願いして手当たり次第に知り合いに連絡し畑違いではあったがなんとか従業員の仕事1週間分だけは確保できたが、それだけで年内の見通しはつかなかった。

このときの心境は経験しなければ分かることではないと思った。

　予測してプレッシャーを打破する覚悟でいたが、ただの気負いでありカッコつけであったことが、仕事に穴を開けた自分の無力さが言い訳する余地も与えず証明してくれた。

　この気持ちは一生忘れないだろう。

　そして年内の見通しがつかなかった自分は、飛び込み営業にいくことを考えたが足元を見られ安値で使われたら独立した意味が無いと思い留まった。

　金額の交渉をすればいい話だが自分はまだ元請け1社での金額しか知らなかったため、その金額が世の相場ではないかも分からない、もう少し金額と相場の知識をつけてからでないと足元をすくわれる、そんな気がしたので営業にいくことはやめた。

　そして考えた結果、少しの蓄えはあったこともあり何よりも仕事に穴が開いたときにブレて道を迷いそうになった自分の弱さを鍛えるために、年内はあえて何もしないプー太郎をしようと決断した。

　よくよく考えれば仕事に穴が開くことは、1カ月は無いにしろ3日、1週間は当たり前にあることなのでメンタルを鍛えることとした。

　だが、始めの1日2日はよかったが3日辺りが過ぎた頃この先の不安が自分を襲いTVもゲームも何も手につかない、元請けに連絡しても「無い」の一言、何もしないで金にもならなく寝ることの罪悪感、ダメ人間になっていきそうな不安、そんな中「ぜってー負けねぇ」「ぜってー強くなる」「今に見てろ」その思いだけ、何の確信も根拠もないまま1週間が過ぎる頃、焦りは少し薄れ、まぁ万が一のことがあったら職を変えて従業員も連れ

て多くを求めないでやっていこうなどと考える様になって少し現実を直視できる様になっていた。

　そんな頃、1本の連絡があり、自分の同業の新たな元請けが自分の知人を通して紹介して欲しいという話だった。

　打ち合わせにいってみると年内に間に合わないから仕事を受けてくれないかというありがたい話ですぐに協力させていただきますと返事をし、驚いたことに年内ビッシリ仕事が埋まった。

　初めての仕事だったことと知人の紹介だったこともありすべての仕事を受けて次は1カ月休み無しで仕事してもやり切れるかどうかの量になり、真逆のプレッシャーが襲い掛かってきた。

　このときは終わらせられなかったらの不安、信用を無くす不安だったが仕事が無いことのプレッシャーよりは少しましで1カ月休み無しの夜中まで仕事をして何とか仕事を納めることができた。

　新たな元請けも感謝してくれて金額も新たな元請けの方がよく、独立1年目の締めでは最高の締めになった。

　この1年を通して思ったことはやはり物事には経緯、道理、摂理という順序があるのだと思った。

　まず忍耐なくしては始まらない、忍耐なくしては冷静な判断もできない。忍耐の大切さを深く痛感する1年になった。

　忍耐の次は何が必要なのか日々精進していこうと思う。

　上にいく為に。

持論 14

　独立して2年が過ぎ3年目になる今年の1月に株式会社にすることにした。

　個人事業主1年目で年商1000万を超えると3年目に消費税を払うことになる。だが3年目に株式会社にすると設立してから3年間消費税を払わなくてよくなるのと、大きい建設現場に入りやすくなることもあり実行することにした。

　3年目ももう終わりに近い今思うことは、1年目に持論12で書いた経営に関する知識、2年目の持論13で書いた社長業を行うための覚悟の持ち方は、経営者、社長になるためには当たり前に心得ていなければいけないということだ。

　自分は3年目の終わりの今やっと、経営者、社長のスタートラインに立っているのだと……。

　この約3年で得たことがすべて当たり前の常識にできて初めて経営者、社長になれたのだと思う。

　いや、違う。このノートを書き始めて今日までのこと、すべてで経営者、社長になれる資格を持てた様な気もする。

　このことが証明されるのは自分が成功者になれたときしかないだろう。

　今現在の会社の状況は、従業員は辞めてしまい新しい人材が入っては辞めての繰り返しの状況で外注が1人だ。

　仕事量は多くも少なくもない。成功者とはほど遠い状況である。

　だが、世間でよく言われている独立して約6割以上は3年以内

で倒産するというところはなんとかクリアできそうだ。

　今のところ分かってきたことは持論12の「独立する→会社を興す」という経緯の中に「独立する→覚悟の無さに気付く→忍耐力を磨く→税金関係を勉強する→会社を興す」という経緯が入るということが分かった。

　従業員だった頃と比べると覚えることの多さ・範囲が膨大な量になった。

　正直いってめげそうな自分がいる。

　だが、これが本当のスタートラインであり、ここからが本当の意味の頑張るという言葉が成り立つ経緯の始まりなのだろうと思う。

「大変だ」と書きながら思う。

　これもここまできて大変という言葉の重みを心底痛感した。

　今書いていて気付いたが、ガキの頃になにかと大変だと思っていたけど今に比べたら全然大変ではなかったなぁ〜。

　なるほどな、今までは自分の理想の中で何事も悩んでいたり、頑張っているつもりで生きていたんだな。

　やっと大人になれた気がする。

　ここまできてやっと社会と対等に向き合っている気がする。スタートラインに立つだけでこんなに大変なら3年で6割以上が倒産するということは納得がいく。経験がすべてとはよく耳にしていたが正しくはこのことだろう。

　独立していなければこのことには気付いていない、経験することは自分の価値観を広げてくれるし、自分の理想との答え合わせなのだと今は思う。

　今、スタートラインに立ち、改めて思うことは今まで我武者羅に手探りでやってきたが、ここまでいろいろと見えてきたの

で1回すべてをリセットしてこれから会社に必要なことや自分に足りない知識などをゆっくり見つめ直し、社会に通ずる力を確実につけていくことが必要だと思う。

　とりあえず会社を興したので、この先やっていくことはこれから出会っていく人々に愛を持って接し、自分という人間を好いてくれる人々と互いに得のあるビジネスで歩んでいき、めげることなく突き通していくことだと思っている。

　上にいく為に。

悪循環

　この歳になってくると、悪循環の中にいる人をよく目にすることが多く感じる。

　悪循環の中にいる人は決まって何かのせいにしている。

　自分も今まで数多くの悪循環の中にいて苦しんだことが多々あったが、抜け出すことは単純なことだった。

　それはすべてのことは自分のせいだと受け入れてダメな性格を改善していくこと。

　悪循環の中にいる人は受け入れて改善することがまずできていない。「性格なのだからしょうがない」だとか「悪意はない」など正当化して言い訳をする人が多く感じる。

　自分が思うに言葉とは自分の心を伝えるためにできたのであって、ごまかすためや自分の都合を通すためにできたのではないと思っている。

　言い訳をする人を見る度に心が痛くなる。

　悪循環の中にいる人は悪意がなく、経験が足りないが故に自分で自分を守るしかない状況にいるのだと思う。現時点でこの人は本当に心を許せる相手がいない気がするので心が痛くなる。「悪意はない」など正当化して言い訳をする人が多く感じる、と述べているが、本人の悪意がないのであれば悪意がないことで面倒なことになっているのだからすぐに改めて行動すればいいことで、本人の口から「悪意はない」と言ってしまったら反省していなく改める気がないことになってしまう。

改める気があるならまず初めに「ごめん」「申し訳ない」と言う言葉が先にでるわけなのだから……。

　他人に言い訳をしてしまったら、この人は言い訳する人と思われてしまうだろう。「心を許せる人がいないのだね、私は大丈夫だから本当のことを話してごらん」なんて優しく説いてくれる人などまずいないだろう。

　大抵の人は言い訳する人だからしょうがない、言っても聞かないだろうと話を終わらせてしまうから言い訳した人は気付くことはできずに言い訳が通る居場所を求めて歩み続けるしかないだろう。

　言い訳を許してくれる会社などまずないし、あったとしても本人が満足できる状況や立場にいることはなかなか考えづらい気がする。

　性格は簡単には直らないと一般的には定着しているが、自分が思うに直らない性格は自我のことであって、ダメな性格は身の振り方だと思う。

　自我は持って生まれたものであって単純に負けず嫌いであったり、温厚、ずる賢い、大らか、素直、頑固などのことで直すことは無理だと思う。

　それ以外の嘘つき、面倒臭がり、自己中、無責任、寂しがり、暴力的、などは経験が足りないだけであって直せることだと思う。

　幼児を想像してみると納得できる気がする。

　幼児に自我を注意しても直ることはないと思うし理解ができないと思う。

　嘘つきで例えてみれば、親に嘘をついてごまかしていてそれを知った親が悲しんで涙を流したことを目の当たりにした経験をしていたら嘘をつくことが悪いことだと認識するようになる

と思う。

　面倒臭がりなら、玩具で遊んでいて片付けをする様に教育していれば面倒臭がることがいけないことだと認識するようになると思う。

　自己中なら公園の遊具を順番で使うことを注意したり、無責任なら周りに迷惑をかけることの重大さを説いて認識させたり、寂しがりなら親の愛情を注いで人の温かさを認識させたり、暴力的なら暴力をふるうことの恥ずかしさを認識させたりする経験を経て直っていくのだと思う。

　ということは悪循環の中にいる人はこの様な経験をしてこなかった人たちだと思う。

　この様な経験をさせなかった親の責任だということではなく、親も人の子であり、経験値は人によって様々である。

　親だからといって完璧ではない。

　経験をして気付いて改善できるために必要なことは、本人にとって大切な人が傷つくか、叱ってくれることだ。そうしないと本人は気付けないのだと思う。

　心に響かないと何も改められない、理屈で気をつけるのは限界があるし疲れるだけだと思う。

　自分もそうだった。我武者羅に力任せや勢いだけで悪循環から抜け出そうとして周りに迷惑をかけていることに気付かず正当化し、でも満足しきれない毎日に気付き、寂しくなり、また同じことの繰り返し、理想を叶えるには理想を描いた時点の自分では叶えることができないことにも気付かずに……。

　理想は理想の中にしかなく、理想に近づけるために自分の身の振り方の改善をしなくては何も変わらないのに。

　理想に近づけようとした結果が現実でしかないし、自分の出

した結果だということ。

　自分の力、経験値がそこまでだったということでしかない、誰のせいでもない。

　ここで難しいのは不慮の事故などで大切な者などを失った悪循環にいる人は自分のせいではないということ。

　自分のせいではないから改善しようがないし受け入れることも難しい。この場合は自分を二の次にして相手を第一に考えなければ何も手に付かないと思う。相手はもうこの世にいない、これは絶対に揺るがない現実だ。では自分がこの世からいなくなって残した者がいたとしたらあとを追ってきて欲しいと思うか？

　自分の場合だったら一時は悲しんで惜しんで欲しい、だけどそのあとはできるだけ悲しまないで欲しい。「悲しむな」とは言えない、残してしまったのは自分だから。だけどできるだけ楽しんで笑っていて欲しい。作り笑いではなく、でも自分のことを忘れないでいて欲しい、守ることも協力することももうできない、だから「悲しむな」とは言えない。だけど悲しまないで笑っていて欲しいと思うだろう。

　だからあとを追うこともできないし現実を受け入れるしかない、一生の時間をかけながら……。

　この様な場合もあるから自分のせいだとは認識しづらいがこの様な場合以外は自分のせいだと思う。

　よく目にする悪循環の中にいる人は、悪い男や悪い女に騙されているタイプが多い気がする。

　こういう人は大抵、過去の恋愛で傷ついたことがあり、そのショックをもう経験したくないと思っていて、だからまた傷つくということに気付いていない。ここまででは何を言っている

のか意味がさっぱり分からないだろう。

　本気で傷つきたくないなら恋愛をしなければいい！　そうすれば傷つくことはない、でもそれは無理で幸せになりたいだろう。そう思うことは自然なことだと思う。

　恋愛という経験の中で傷つくということは絶対に付き物なのだということ、傷つくから怒る姿も見せられるし価値観の違いも把握できる。お互いに育った環境が違うから経験値の違いもあるのは当然のことだろう。

　長く添い遂げるにはお互いの経験値や価値観が受け入れられなければ成立することはないと思う。

　しかし傷つきたくないと思っているとなかなか自分を出せなくなり、我慢すれば傷つかないですむと思い、相手に伝わらなくなってしまう。

　でも相手からしたらそんな思いがあって我慢していることは知る由もなく我慢していない人にしか見えないと思う。

　逆に我慢せずに伝えていたら、なるほどねと分かってくれるか、なんでと聞いてくるか、怒って反論してくるかだろう。

　その反応は言ってみないと分からないことだ。

　その反応を見ないで先延ばしにしていることが傷つきたくないと思ってしまっていることに繋がっている気がする。

　そういう人たちを見ると本当に幸せになりたいのかな？と疑問に思う自分がいる。意見を言うことで相手が傷つくから言わないでいることが優しさだと思っている人が多い。他人に傷つくことを言わないでいるなら話は納得できるが友達、恋人、家族には違うと自分は思う。

　きっと自分が優しくされたいから優しくしているのだと思う。

　言ってみなければ相手の気持ちが分かるはずもないのに相手

が傷つくから言わないでいる人は、自分が傷つくことを言われたくないから言わないでいるだけだと思う。

　でも長年一緒にいれば人は不満が溜まるものだ。時間が経ってから言い合いになりケンカが多くなる。長くいればいるほど素の自分が出るもの、最初はあんなに優しかったのに、そんな人だと思わなかったなど、よく耳にするフレーズだが、自分からしたらその相手は始めからそんな人だったのだと思う。

　最初に何も言わないでくれれば受け入れてくれている人なのだと誰でも思うはずで、要は初めにお互いに自分をすべて出せていないから上手くいかないだけのことであって相手だけが悪いということではないということ、自分に合っている人を探すには自分をさらけ出して受け入れてくれる人と出会うしかないので受け入れてくれる人が見つかるまでさらけ出して言いたいことを言ってみなければ見つかるはずがないという単純なことだと思う。

　自分の非を認めることはなかなか難しいことだと思うが、自分ができていないのに相手が非を認めることはもっと難しいことだと思う。

　それが苦なく認められればいい人が見つかりそうな気がする。

　要するに悪循環の中にいる場合は受け入れ方の知識や経験値が足りないために起きていることを自覚しなければ抜けられない。もし周りに注意してくれる人や叱ってくれる人がいるならその人を否定せずに大切にした方が自分のためだと思えると思う。

　では相手が傷ついたとしても意見するということは酷いことなのか？

　我慢して言わないでいることは優しさなのか？

悪循環は巻き込まれるものではなく自分が作っているのだと思う。

　少しでも多くの人が悪循環から抜けられればと思っている。

　また何か気付いたら書き記そうと思う。

　上にいく為に。

どうしてだろう？

　どうしてだろう？　間違えていることを忠告しているだけなのに、「そんなつもりはなかった」だとか「そんなにすぐにはできない」など否定的な反論をしてくるのは……。

　どうしてだろう？　分かっていないから忠告しているだけなのに、「分かっているのだけど」だとか「そうなのかなぁ」など否定的な反論をしてくるのは……。

　どうしてだろう？　手を抜いた結果に対して忠告しているだけなのに、「手を抜いているつもりはない」だとか「細かいなぁ」など否定的な反論をしてくるのは……。

　どうしてだろう？　努力していない結果に対して忠告しているだけなのに、「努力していなくはない」だとか「そこまで言う？」など否定的な反論をしてくるのは……。

　どうしてだろう？　お互いに納得した話し合いができていないのに、謝って終わりにしようとするのは……。

　最近、そんなことをよく考えさせられることに遭遇する。

　どうしてだろう？と考えていたら、何となく思うことが出てきたので書き記しておこうと思う。

　きっと上記の様な反論をしてしまう人たちは忠告をされたのに対して否定されたと認識してしまったのだと思う。

　自分が思うには上記の忠告は、忠告する側の人から見たら、忠告する必要があっただけのことで、その人の存在を否定していることではないと思う。

只々事実をそのまま忠告しているだけなのだと思う。

　でも人間は感情を持つ生物だから感情を込めて言っているの
だと自然に受け取ってしまって否定されている様に感じてし
まっているのだと思う。

　まぁ、相手に対して忠告の言い方にも問題はあるかもしれな
いが、結局は言い方が悪かろうが、なんだろうが忠告させてし
まった行動をしていたのは自分でしかないので、反論せずに勉
強させていただいて次に繋げることが、忠告に対しての対応・
誠意だと自分は思う。

　だが、ほとんどの人は感情論で受け取ってしまい反論で返っ
てくることが非常に多かった。

　でも忠告するのに言葉にすると、どうしても相手を否定して
いる様な言葉しか並べられないのは事実。なぜ伝わらないのだ
ろう？　どうしてだろう？と、悩んでいた……。

　ある日、自分は自分の関わる人たちにこの様な反論をする人
が多かったので直接疑問をぶつけてみた。
「素朴な質問なのだけど、なんでそんな反論的になるの？」「だ
れも何もしていなく、考えることもできないどうしようもない
人だ！なんて言ってないよ？」「馬鹿にしているわけではなくた
だ改めた方が今後のためだと思うから言っているだけであって、
その善意が迷惑ってことなら謝るし二度と忠告もしないよ」と、
冷静に言ってみた。

　そしたら、相手は「忠告されていることは自分で気付いてい
ない落ち度を気付かせてくれているから助かっている、だから
今後も気付いたら言って気付かせて欲しい、言っていることは
分かるけどなかなか行動にするのは難しいよ」と言っていた。

　確かに難しいことかもしれない、だけど難しいと言ってし

まったらなかなかできないことを自分で認めていることになるし、改められなければ相手に迷惑をかけ続けてしまうことになる、これが現実なのだと思う。

　だから絶対に改めなければいけないということではない。

　確かに非常に難しいことで、もしかしたら一生かかっても改められないかもしれない……。

　だからこそ、迷惑をかけてしまうのだから否定的な反論や態度を取ってはいけないと思う！

　忠告する側には非常識なことをされて嫌な思いをするリスクがあり、忠告される側には忠告されて嫌な思いをするリスクがある。だからこれでお互い様なので感情的になり過ぎて反論や口論する意味はないと思う。

　難しいからこそ、勉強して学ぶしかないし、難しいからこそ、めげずに努力する価値があるのだと思う。

　例えば、受験で難しいからだとか、そんなつもりはないだとか、手を抜いているつもりはない、など反論しても、合格は合格でしかないし、不合格は不合格でしかない。

　相手からしたら忠告するしかない態度や行動に見えただけでしかないので、改める態度や行動をするしかないと思う。

　それでも嫌ならその人の関わらないところにいけばいいと思う。

　だが、その人と関わる道を選んだことは自分でしかないということを忘れてはいけないと思う。

　環境や人間関係を変えても、自分の心情が満たされないのであればきっと自分に何かが足りないのだと思う。

　相手のせいにするのは簡単であり、自分の成長には繋げられないが、自分のせいだと思い自分を高め、成長に繋げることは

できる。

　ここまで考えを突き詰めていくと果たしてどちらがこの先の自分のためになるか、徳をするか考えさせられる思いになる。

　もしかしたら今の自分たちの考えている徳や幸せは、言葉の表面上でしか理解をしていなく、ただ自分にだけ利益があったことを徳と考え、楽をすることが幸せだと錯誤しているのかもしれない。仕事の徳や幸せ、友人関係の徳や幸せ、家族関係の徳や幸せ、いろいろとあるが、この常識が間違えているから心情が満たされない様な経験をするのだと思う。「経験がすべて」と耳にしたことがあると思うが、確かにその通りだと思う。常識で分かっていることを実際に経験してみると、頭でしか理解していなかったことが分かると思う。

　例えてみると、失恋するとつらいと誰もが常識で分かっていると思うが実際に経験してみると何も手につかなかったり、1人になりたくなったり、涙が出てきたりすると思う。頭で分かっていても経験するまでは何も手につかなくなることや1人になりたくなったり、涙が出てくることはほとんど分からないと思う。

　この様に頭で分かっていても実際に経験をして初めて、失恋という言葉の本質が分かる様になる。

　何かで忠告されたならば、未経験者が経験者に忠告されているのだから、反論するよりも感謝した方が自分のためだと思う。

　しかし忠告する側も未経験者を見下す様な発言はしてはならないし未経験であった頃を思い出して接し、忠告しなければならないと思う。

　上記で徳と述べているが、ほとんどの人が徳を「得」と考えているのではないだろうか？

　得は利益などを得るなどの意味であって、人としての「とく」

は「徳」であって得ではないと思う。自分自身、人としての徳は、人徳、道徳なのだと思う。

　なので、上記で得を徳と書き記している。

　皆が徳を意識できればこの先の人間関係が上手くいくのではないだろうかと考えている。

　ショックや傷つくことを損とするか、徳とするかは個人差があると思うが考え方1つで成長に繋がることがあるということを少しでも多くの人に知ってもらって、役立てば嬉しく思う。

　上にいく為に。

26 令和2年3月

難しいこと

　今日までいろいろな人と話をしたり、相談に乗ったりし世間一般的に難しいことと自分の中での難しいことがズレていることに気付いたので書き記しておこうと思う。

　世間一般的に難しいことは、各専門分野であったり、学であると思う。

　確かにその分野をすべて覚えることは難しいと思うし、並みの努力ではできない難しいことだと思う。

　だが、各分野の参考書や教科書、説明書、講師などが存在し段階を経て学べる様になっているし答えてくれる環境も場所もある。

　なので世間一般的な難しいことをものにしようとする人は何通りかの学べる道がある。

　自分が難しいと思っていることは世間一般的な単純なことの中にある。例えば優しさで考えてみると「優しくしてあげなさい」と言われたとする。単純に「優しくしてあげなさい」と言われたらそのままその人の価値観で優しくすると思う。でもその人が育ってきた環境での優しさでしか行動することができないので正しく優しく接することができているのか分からない。

　もしその人がどんなに裏切られても、失礼なことをされても顔に出さずに飲み込むことを優しさだと親に教えられて育っていたとしたら、相手によっては優しくし過ぎてしまい、忠告や意見を自己判断ではなかなか言えずにいるだろう。

それが仕事で新人の教育を任され、優しくする様にと言われたとしたらその人は新人を上手く教育することはなかなか難しいだろう。

　同じような環境で育った新人にたまたま出会えれば上手くいく可能性は高いだろう。

　でも波長の合う人間と出会える可能性は高くはない。

　あげればきりがないほど、人によっての優しさは異なると思う。

　なので「優しくしてあげなさい」と言われてもその言葉を発した相手の価値観での優しさなのでどこまでの優しさなのかは知る術もない。ましてや説明書や参考書などもない。こういう性格の人の優しさはこういう意味、と書いてある本があれば苦労はしないが現実的に無理だと思う。

　だから自分にとっては単純なことの方が難しく感じることが多々ある。

　優しさだけでこれだけ考えてしまう。

　例えば仕事で自分が新人教育員に優しさを第一に新人教育をさせなければいけない立場であったら、まず新人教育員だけを集め各1人にどこまでが優しさか、どこまで優しく行動するか討論し、実技し、優しさを一致させてから「優しくしてあげなさい」と言葉を使うと思う。

　そうしないと価値観のズレで歪みができていつか話し合いや修正をしなければいけなくなる可能性があるからだ。

　でもそんなことでそこまで考えて行動するのはかなり面倒臭いことでストレスを感じる。だから難しいと思う。

　では、「手を抜かないで」だったら……？

「ほどよく」だったら……？

「適当」だったら……？

あげたらきりがないし考えているだけで疲れてくる。

　なので単純な言葉ほど難しく、その人の価値観で意味が変わってくるという事実があることだけ忘れないで相手と会話できていれば自然と相手に質問できたり、ちゃんと相手の中身を見て自然な会話が成り立つと思う。

　よく、「〜って言ったからやったのに」とかでケンカしたり、「そういう意味じゃなかった」とか言い訳していることを耳にしたことが多々あるがそういう人は大体、単純なことが難しいということを軽視していたり、その人の生きてきた価値観が当たり前、常識だと思っていることが多いと思う。

　自分もガキの頃は完全に単純なことを軽視し自分の価値観が常識だと思って生きていた。

　それを押し通してきた結果、恥をかいたり相手とぶつかったり、嫌ったり、嫌われたりをよく繰り返した。

　でもその過程をずっと繰り返した結果、そういう意味だったの？と和解することが多くなり研ぎ澄まされてきてこんな単純な当たり前であろう言葉が原因で遠回りしてきたことに気付いた。

　今、遠回りと表現しているが、実はこの過程、経験をしなければ理解できないことなのかもしれないが、今は遠回りと表現しておこう。

　まぁ、テストの回答ではないから何が正解で何が駄目かなんて自分の満足した気分で決めてしまうことでしかないからな。

　今の日本では単純なことを直視できず軽視している人の方が多い気がする。でも日本じゃなくほかの国だったらもしかしたらこのようなことを教育に取り入れ、人としての道徳に力を入れて取り組んでいるかも分からないし、逆にもっと非常にあえ

て人間性を捨てて理屈教育をしている国もあるかも分からない。すべてを見たわけではないから「これはこう」などと言いきれることなどほとんど存在しない。

　今、単純という言葉の意味を検索して調べてみたら、こみいった点がなく簡単なこと、と出てきた。こみいった点が多すぎると思う。

　難しいという言葉の意味を検索して調べてみたら、理解するのが困難である、と出てきた。やはり世間一般的な単純に使える言葉は理解するのが困難であるといえる気がする。

　まだまだ自分の経験値が足りないからこんなくだらないことに難しさを感じるのか？

　それともこんなことを考える時点で異常なのか？

　千差万別の答えがあるのか？

　ちゃんとした答えがあるのか？

　そんな疑問をいつも感じる。いつももどかしい自分がいる。でもみんなきっとそれぞれの疑問を抱えながら生きているのだと思う。

　そう考えると生きているから疑問が持てるし、生きているから悩めるし、悩める時点で生きていることの幸せなのかもしれない。

　この疑問を決めつけて答えを出さずに疑問として抱え続けていて、いつかこの疑問に共感してくれる人と出会えれば楽しい会話になって抱き続けてよかったという気持ちになるかも分からないし、その結果が答えとして受け取れるかもしれない。それはこの先の人生を送ってみなければ分からないことなので、その先を楽しみに取っておこうと思う。

　単純で説明書もないものほど難しいと今の自分は思っている。

上にいく為に。

迷惑をかけない様に

　最近、迷惑をかけない様に気をつけて空回りする人をよく目にする。緊張や不安に負けない様、肩に力が入り過ぎている様に見える。気負い過ぎていることには気付いていて、でもその先はどうしていいか分からない、そんな人たちが多い様に感じる。自分も迷惑をかけない様にと、よく空回りをした。

　何も理解をしていないのに……。

　仕事でも私生活でもそうだが、迷惑をかけない様にと第一に掲げている時点で迷惑をかける可能性が高いことにも気付いていなかった。

　なぜか？

　それは自分が今まで経験してきた迷惑をかけないであろう範囲しか気を遣うことができなくなってしまうからだと自分は思う。

　対相手に迷惑をかけない様にするのであれば、まず相手の経験値を知ってからでないと、迷惑をかけない範囲が分からないからだ。

　相手の経験値に無いことを気遣いしても相手は気付かないだろうし、もし気付いたとしてもなかなか理解ができないと思う。例えば上司と焼肉を食べにいったとして相手に気を遣い焼肉を焼く役割を率先してやり、上司のお皿に焼けた肉を置いていくとする。でもその上司が振る舞うことが好きな上司だったとしたら、上司が焼いて部下に食べさせる方が喜ぶだろう。もしく

はそんな気を遣わないで、お互いに自分の食べる分を好きに焼いて食べることがいいのかもしれない。でも迷惑をかけない様にということを第一に掲げていたら、焼く役割も迷惑をかけない様にと思い、素直に聞けずにいるかもしれない。なのでまず、第一に相手の経験値を知ることに専念しないと迷惑になる可能性しかないと思う。

　相手が友達であったとしたら相手も対等なので受け入れて合わせてくれる上限が広くなるのでそこまで気遣う必要は減るが多少はあると思う。

　要するに迷惑をかけない様にと思えば思うほど、相手のことが二の次になり主旨がずれてくるということである。迷惑をかけない様にとは対相手のことでしかないので、相手を第一に考えられなければ迷惑になってしまうのは必然なこと、迷惑なことにならなかったとしても、相手に気を遣わせてしまうことは間違いないだろう。

　相手は何が好きか、嫌いか、楽しいか、楽しくないか、などを合わせるか共感、共有できれば、その結果が「迷惑かけない様に」に繋がるのだと思う。

　大抵の人たちはそこまで考えず、今の世の中の一般常識ではこう動く、こう返す、などで行動していると思う。

　それで悩む結果が出なければ何も気にする必要はない。

　でも悩む結果もあるのが現実だと思う。

　悩むのであれば、一般常識だけでは相手には伝わらないことがあるということ。

　だが相手が常識人ではないと決めつけて終わらせたり、自分に非がないと言い聞かせたりしていることが自分は多かった。

　結局、迷惑をかけない様にしている自分に対し自分で評価し

て自分の過ちに気付けないでいた。

「迷惑をかけない様に」と思っているだけの偽善者だったと気付き深く反省した。

　きっと自分は子供だったのだろう。

　いろいろな一般常識の言葉や知識に捕らわれて……。

　如何に今の自分らしく振る舞うか、でしかないと思う。

　今の自分で接しなければ改善するところも分からなくなる。

　常識に捕らわれ演じていて失敗すればまた違う常識を引っ張りだして演じての繰り返し、自分の本質は何も変わらないままになってしまう。

　自分らしく振る舞えば傷つくことは多いが本質が変わることは多々あると思う。

　その本質が対相手に響けば善意であったり、本意が伝わり嫌気が差すような迷惑にはならないと思う。

　でも今の世の中はリスクを気にする人が多く、ストレスを気にする社会のような気がする。皆が皆、本質で接してきた人間を受け入れてくれる人ではないのが現状であり、この世の中のストレスに飲まれ、否定する人も存在するのが現実である。綺麗事だけでは成り立たないことも多々ある。

　でも相手に響くことの条件は、本質でありのままの自分が伝わったときでしかないことも現実だと思う。

　ここまで煮詰めて考えてみると、「迷惑をかけない様に」と気にしてありのままの自分を出さないでいるよりは、「迷惑をかけない様に」なんて考えないでありのままの自分を出していた方が相手のためにも自分のためにもなると思うし、自分らしい人生を送れると思う。

　理屈、一般常識も大事なことだけど、それだけに捕らわれれ

ば自分らしさを無くしてしまうと思う……。

　人は皆、自分らしさの部分を好きでいてくれていると思う。一般常識が当たり前にできるというだけではなく、一般常識を当たり前にやろうとしている自分らしさが相手に響くのだと思う。

　人は皆個々のオリジナルの色を持っていると思う。その色は持って生まれた誰しもが綺麗に見える色だと思う。その色を否定する人は理屈や常識に捕らわれているのだと思う。

　皆が皆、個々の色重視で、理屈や常識に沿うようになれば「迷惑をかけない様に」なんて気にする人がいなくなるのではないか？なんて考えたりもする。迷惑なんてものはかけられた側の人の器量次第で変わることだし、相手が判断することなので、自分では判断できない。自分が迷惑だろうと思っていても相手からしたら分かり合えることでしかないかもしれない。本当に迷惑だったら謝ればいいことだし、謝ってすまなければ、経験し自分の色を保ったまま理屈や常識に合わせられるようになる過程なのだと思う。

　そして「迷惑をかけない様に」と捕らわれてしまうこともこの先に成長するための過程なのだと思う。

　そして相手の経験値を知るためにもいろいろな過程を経験しないと量ることはできないと思う。

　自分はまだまだ、いろいろな経験をしていかないと成長できないのだと書きながら深く痛感し、これからも精進していこうと思った。

　上にいく為に。

上にいく為に

28　令和2年3月

世の中のヒント

今まで突き詰めて考え、行動してきた結果、世の中にはヒントがあることに気付いたので書き記しておこう。

常に自分の成長になることを第一に生活していると、何気ない行動や発言の中にヒントが存在する。

自分がキャッチしていたヒントは、今の製作業で駆け出しの頃、「何でこの人はここまで完成させたのにここだけ手抜きをするんだろう？」と疑問に思うことがあった。それで何でか聞いてみると「いいんだよ忙しいんだから」とか「そこまでやっても完成したときに目に見えなくなるから」と、言っていた。

もちろん目に見えなくなる部分にこだわり過ぎても経費が掛かり過ぎてしまったりするので、ほどよくやらなくてはいけないのは分かる。でも「忙しいから」という理由は自分には納得ができなかった。

今考えてみるとここにヒントを感じる。

忙しいときは手を抜くものなんだと何の根拠もなく受け取るか、忙しくても時間をかけ過ぎない様に、効率よく利益が出る様にやるか、この二択がヒントなんだと思う。手を抜く方を選べばよくいる人、手を抜かない方を選べばよくいない人の道にいける。そんなヒントがよく存在する。

でもよくいない人の方を選べば、変わり者や細かい人、いうことを聞かない人などのレッテルを貼られるリスクがある。でも自分は人と一緒なのが嫌いだし、自分の人生なので自分らし

く納得できる、忙しいからといって手を抜かない方を選んで自分のケツを叩きながら仕事をしていた。

そしたら次は仕事の段取りに無駄があることに気付き、なぜ予定を明確に立てて予定通りに進める様にしないのか疑問に思い、これも質問してみた。「予定はあくまでも予定、変更することはざらにある」とか「俺だって人間だからやり切れないこともある」と、言っていた。

確かに予定はあくまでも予定、変更することはいくらでもあると思う、それは納得できる。だけど「人間だから」という理由には納得できなかった。

また二択のヒントが現れた。〜だからで終わらすか、〜だけどちゃんとやるか、どうせ1回しかない人生、上にいきたいのもあり、つらい方を選ぼう！と思い、キッチリ予定を立て段取りよく仕事をした。もちろんキッチリ予定を立てたが急遽、変更で無駄に終わることもあったが、その逆で今まで以上に効率よく終わり、利益が出る様にもなった。
「やっぱり無駄や間違いではないな！　体はつらいけど」とよく思っていた。

そんな二択のヒントを気にしながら向上心を忘れない様に生きていたら世の中に沢山のヒントがあることに気付きすべてつらい方、よくいない人の方を選んで過ごしていたら次は人間はよく面倒臭がるなぁ、俺も面倒臭いのやりたくないしなぁ、何なんだろう人間って、と思う様になり、誰か先人の人なら解明してる人がいるんじゃないかと思って過ごしていたある日、友人と遊んでいるときに人間ってなんなんだろう？なんて話をしていたら、その友人の親父さんがうつ病で悩んでいたときがあり、心理学の本を見たりしていたらしく、本貸してあげるから

読んで見ればと言われ、言われるがまま借りてみた。

　そのときの自分が読む本なんてせいぜい漫画本くらいで字だけの本なんか読む気にもならなかったが、確かに心理学の本だったら人間の性質が分かりそうな気がして格好つけて心理学の本を開いてみた。

「意味分かんねぇ〜」だった。

　意味が分からないし初めて目にする単語がズラズラ出てくる。「は？」「なにこれ？」日本語なのに理解ができない。その単語を誰かに教えてもらわなければ解読不可能だった。

　なので適当にパラパラめくっていたら、たまたまジョハリの窓、自分は4つの自分に分けられるとうたっている見出しに目が留まり読んでみた。やっぱり人間を解明しようとしている人がいたんだ、と感動と衝撃を受けた。

　自分なりに理解した内容を書き残しておこうと無我夢中で書き残した。

　これもヒントだと思う。そんな本読んだことないし誰がどう見ても難しいであろう本なので断ることは簡単だったが、読まなければ引き出しが増えないことは明らかだったので読んでみたら引き出しが増え、自分の成長に繋がった。

　それから何度か本屋にいき何気なく見て歩いて、目についた本を買ってみた。

　気が向いたときに目に留まる所があるかパラパラめくってみた。

　だが、あのときの様な衝撃に出会うことはなかった。

　なるべくヒントをキャッチできるようにアンテナを張っていた方がいいことは分かっていたので自分なりのアンテナを張りながら、未知の自分ってなんなんだろうと疑問を抱きつつ過ご

していた。

　そしたらある日、ひょんな会話から宇宙（すべて）は2：8の法則で成り立っているという説がある話を別の友人から聞き、アンテナに引っ掛かり自分なりにいろいろ考えても否定できなかったのでいろいろ試したりしていたら、またいろいろな新しい考え方に繋がり引き出しが増えて自分が成長した実感があった。

　これもヒントなのだろう。「2：8」そんな法則があるんだと適当に話を聞き真に受けずに聞いていれば、引き出しが増えたり成長したりすることはなく話を聞く前の自分のままであっただろう。

　でも真に受けて追及して考えた結果、成長に繋がったのだと思う。こんなヒントの出方もあるのか⁉

　世の中ヒントだらけで気を緩めるところがないじゃん！　毎日気を張り巡らせアンテナを張り続けるなんてつらすぎるだろ！と、思った瞬間また気付いてしまった。

「まぢか」ヒントやん！　「ツラッ」毎日気を張り巡らせるか、たまに気を張るかの二択ヒント……。

「うわぁ～気付いちゃったよ」これはかなりつらいな、むしろ精神崩壊するレベルじゃん！　「そんな人いる？　いねぇ～わな」「いるか分からないにしろ俺は見たことがない」じゃあやるしかないか、やってやろう！と思い、突き進むことにした。

「男はつらいよ」ってそういうこと？

　上に立つ人間や社長は孤独を友としろってそういうこと？

　なんて考えたり自問自答したりしながら歩み始めた。

　そして次に辿り着いたのは神社の参拝だった。

　ことの始めはいろいろ考えすぎて頭がパンパンになって何も

手につかなくなりそうだったので家で休んだりゲームしたりして気晴らししていたのだが、まったく気晴らしができずにいて、もがいていたところ、頭がパンパンになる原因が分かった。

それは自分の今いる環境の中での関わる人たちが自分より考えないでのんびり過ごしていたりする人が多く、自分の考えている疑問に答えてくれる人がいないため、納得できないで自分の頭で処理できる容量を超え始めたことが原因だった。

酷いときはテレビを見ていて誰かが誹謗中傷されて報道されていたり、誰かの離婚問題が取りあげられている番組を見るだけで疲れて、テレビもつけないでいるくらいだった。

そこで自分が思ったのは、自分が考えていることは何かしらの結果が出なければ答えがでないので、1回頭をリセットしようと思い、ガヤガヤ人ごみのあるところではなく、空気が綺麗で人の欲などが感じられないところにいこうと思い神社の参拝にいくことにした。

あえて栄えていない町の山にある神社にいくことにした。

正解だった。

空気はおいしく、耳を澄ませば人工物の物音は一切せず、何も考えないでいられて心が洗われる様だった。

そのときの自分には最高の癒しだった。

それから有名な神社にもよくいくようになり、いろいろ見て回っていたらあることを疑問に思う様になった。それは今の現代でここに神社を立てようなどの計画や工事を目にしたことがないことだった。

でも昔の人たちが建てようと思い実行したことは間違いない。でも何で神社を建てようと思ったのか？　自分なりに考えてみた。

漠然とではあるが、それはきっと人々の気分が晴れる様にや、町の雰囲気をよくするためだったり、重苦しい雰囲気を変えるためだったり、もしかしたら幽霊や魂を浄化させるためだったり、悪い意味ではないことは確かだと思う。

　でもこの理由を理屈で説明できる人はなかなかいないと思う。

　理屈で説明できない神様を祭っているところを皆、当たり前に参拝にいっている。

　皆、心では何か感じているんだな、皆が皆、言葉で会話するのではなく心で会話できれば、もう少し変にぶつかり合うことも減るのではないかな？なんて考えたりもする。

　そんな中ある神社で、誰もが耳にしたことのある有名な会社の名前が入った鳥居や石碑が神社に納めてあるのを目にした。

「なんで？」まず初めにその疑問が浮かんだ。「宣伝？」「税金対策？」でもそれならもっといい使い方があるなぁ、「なんでだろう？」もしかして運気とか縁起、人としても気にして清き心を目指してやったのかなと考えたら、確かに自分も思い当たることがあった。上を目指していたらいろいろな自制心が必要になり、お金を目の当たりにすることも多く、お金ばかりを見て気持ちを一番に考えられないで揉めそうになったりした。それでも頑固にならず人の気持ちを一番に考えて、決めつけず、突き通していたら、頭がパンパンになり処理できなくなり気がつけば神社に来るようになったのだ。

　そっちの線の方が当たっている気がするし、前に自分の業界での大手に応援でいったときに朝礼で社員300人くらいが集まり会社の敷地内にある小さい神社に社長が安全祈願と参拝をしていたのを見たことがあった。

　その頃は会社に「神社？」「は？」って、感じだったが、今は

信念を貫くには必要不可欠な気がする。

　己を信じ信念を貫くことは、確信的でないことを誰に何を言われてもブレずに道理、摂理に反さず通し続けること。なかなかひとりよがりではできないと思う。

　自分が神社に足を運んできて何気なく鳥居や石碑を見てそう思うってことはこれもヒントなのだろう。

　今回は頭のリセットになるし、自制心を保ってやらなければいけないことではなく、むしろ自分が楽になるヒントだったので心から有り難いと思えた。

　本当に有り難い……。

　いつか、自分もそんな偉大な人になったとしたら神社に奉納したいなと思っている。

　そんな中、次は仕事で繋がりを増やすべく友人の勤めている会社の社長を紹介して欲しいと友人に頼み、紹介してくれることとなった。

　凄く気のいい社長で同級生の兄だったこともありすぐに仲よくしてくれた。

　そしてその社長と初めて2人だけで現場にいくことになった。

　自分より一回りも上なのに人がいないから社長自ら出てくれるといってくれて、それだけでもビックリしたのに自分からお願いした仕事なのに行きも帰りも運転をしてくれた。

「自分が運転しますよ」と言っても「いいよ運転嫌いじゃないから」と言ってくれる。「なんて人なんだ」そう思っていた。

　そして仕事は問題なく終わり帰り道にいろいろな話をした。

　その社長も育ちが悪かったのもあり、自分も育ちが悪かったので、過去の話を何気なくしたそのとき、社長が「大丈夫だよ、中村ぁ～」「神様は見てっから」といわれて自分はビックリした。

なぜなら死んだ婆ちゃんに俺がよく「中村家初の社長になっから」と意気込んで強がって言ってたときに婆ちゃんが「大丈夫よ〜神様はちゃんと見てるから」と言ってきて、そのとき自分は婆ちゃんになんか見えるの？って、いったら「だめよ〜そんなことよそに言ったら」「変な目で見られるからねぇ〜」と返事になっていない言葉で濁されたことがあったからだ。

　その社長にも「それ、婆ちゃんも同じこと言っていました。社長も何か見えるんですか？」そう言ったら、「お前は社長で、俺も社長、歳は俺の方が上だけど、横（対等）で考えていいからな」と言ってくれた。

　何か見えているのかは分からなかったが有り難い言葉過ぎて涙が出そうになり言葉が一瞬出てこなかった。

　そして今の自分は凄く気を張りつめていて、凄く世の中に染まっていることに気付いた。

　こんなに言葉で心を揺さぶられたのはいつ以来だろうか？思い出せない、初めてだったのかもしれない。そんな有り難い言葉を自分に言ってくれる人なんているともいないとも考えていなかったからだ。

　何にも期待せず何にも見返りを求めず、只々結果だけを見て判断し続けて、自分に厳しく、逃げず、ロボットみたいになっている様にその社長には見えていたのだろうか？

　そう思ってしまうほど、自分の気付いていない自分が求めているど真ん中の言葉をいきなり、どストレートでぶち込まれたからだ。

　この有り難い気持ちは一生消えることはないだろう。

　こんな有り難いヒントもきてくれるのだと思った。「感無量」とはまさしくこのことだ。

このヒントを貰ったならば自分にできることはただ1つ、自分も同じ温かい人になり誰にも測れない器を持ちたい、持たなければいけない。自分の関わる人たちに同じ思いをしてもらうために。

　そう思う様になった。

　そしてその社長によくコンペに誘われる様になり、社長らしい車に乗れなどの言葉をよく耳にする様になった。そして自分の運気を上げるためと、なにかの本で無理してでもいい車に乗れと書いてあったことを思い出した。

　あのときは心理学の本には衝撃を受けたが、それ以外は何となく買って何となくパラパラとめくっていただけだった。けれど、無駄ではなかったんだ。

　そう思うってことはこれもヒントかもしれないと思い、いい車を買うことを決意した。

　とりあえず王道のメルセデスベンツを買うことにした。

　新車にはとても手が出せなかったので、5年落ちくらいの中古のベンツにした。

　まだ独立して3年くらいだったのでそれくらいで上等だろうと決意し買うことにした。中古でもグレードは一番いいものにしたので見た目はかなり金持ちに見えた。

　そしてナンバープレートも折角だから縁起のいい数字にしようと思いいろいろとネットで調べたところ358というエンジェルナンバーがあることを知った。

　本当かどうか分からないがアセンデットマスターという高尚な魂がサポートしてくれたり、お釈迦様が悟りを開いたのが35歳と8カ月と言われてたり、日本への仏教伝来は538年だったりとか多くのことがあるらしく、風水でもいい数字とされていた

ため、358に決めた。

　縁起担ぎもし、考えられることは考え、無理もし過ぎずに手に入れて納車の日が来た。さすがは高級車、乗り心地もよし、本革シート、安定感のある走り、シートヒーターもついてるし申し分ない。高級車は一度乗ったらやめられないと聞いたことがあるけどその気持ちがよく分かった。

　初めての経験をしたので友人にも味わって欲しくなり友人を誘って乗せてあげることにした。

　友人を乗せてみると、「すげぇな！　お前ここまできたんだな」「ちょっと運転させてよ」など共感してくれ何人かの友人を乗せて楽しんでいた。そしたら1人の友人が「いいよな〜社長は」「儲かってるんだね」と、僻みを言われた。正直ショックだった。

　でも受け取り手からしたら確かに自慢されてるようなもの、自分は喜びに浮かれ相手をちゃんと見ずに自慢に受け取られてしまう軽率な行為だったと反省し、同時にノートに書いた愛情の使い分け方を思い出した。

　ベンツを買っただけで見えなくなっていた。

　ここで思った。人は必ずといっていいほど何かに染まるということを。よく金に染まったとか、耳にしていて、絶対俺は染まらないと思っていたが、ベンツを買っただけでこれだ。

　その友人のことをちゃんと考えていれば容易に分かったはずだった。

　でも考えもしなかった。

　染まるとか、のまれるとか、まったく気付かないことなんだなと、深く痛感し、次は染まったときに如何に早く気付けるか、自分、人は染まる生物なのだと言い聞かせながら生きていこうと思った。

そしてしばらくノートに書き記したことが続き、エンジェルナンバーの358が自分の住んでいる入間市の郵便番号と一緒であることに気付き、本当にすごい数字なら入間市民、皆幸せなはずだよな～でも皆が皆幸せではないだろうから納得はできないんだよな～なんて考えていた。

　ん？　待てよ、俺来年、38歳だな？　しかも生年月日も3月8日？　偶然にしてはでき過ぎじゃね？　なんだろうこの一致？　でも5がないなぁ？　来年は5がつく何かがあるのか？　そんな妄想をし、嫁さんに「来年は俺の38歳の年、5で何かが起きるぞ～」なんて、冗談交じりで話をしていた令和元年。

　その年末に税理士と話していたらそろそろ建設業の許可票をとってみてもいいのではないかとの話が上がり、これもヒントかと思い、税理士の繋がりの行政書士にお願いしてもらうこととなり、年明けに話を進めることとなった。

　建設業の許可票を取るにはいろいろな条件があるらしく、条件を満たしているかどうかを判断するために行政書士が自分の会社に来ることになった。

　そして当日、条件を聞くと、この業界で10年間仕事をしていた実績と独立してから5年経っているかどうかと5年間分の決算書などが必要で軍資金500万が必要だと言われた。

　衝撃を受けた！！

「5だ」しかもちょうど5年経って今年で6年目を迎える、そして蓄えもあったので無事に建設業の許可票を取れる、こんな偶然あるの？　358が揃った！「コワッ」少し気持ち悪いな、でも有り難いことだから感謝だな、なんて思いながら過ごしていた。

　そして2月の末辺りから3月の仕事が空いてしまう流れになった。

とりあえず今まで我武者羅に働いて少し余裕も出てきたから3月が空いても焦らず、ど〜んと構えて過ごしてみようと思い実行していた。

　暇な3月に入り2日の月曜日、とりあえず会社に来てみた。何しようかな？　ノートでも書こうかな？　う〜ん？　なんかつまんねぇな〜！　仕事が空いてノートを書いたり、ステッカー作ったり、オリジナルTシャツなど作ったり、興味が湧いたことは今一通りやっている。な〜んか今日はつまんねえな！　なんだ？　成長が止まっている気が凄くした。

　まだ自分ができてやっていないこと、何かあったっけ？　何となく考えていたら、このノート最近いろいろな人に見せていて、皆よく言ってくれてるけど俺のキャパでの人間性の人たちだから多くの人たちに響くか分からないんだよな〜、出版会社の知り合いなんていないし、本を出した方がいいヒントなんか降ってきてないしな〜。

　う〜ん……。

　でも本にしたら皆、買ってくれるって言ってくれてんだけどな〜。

　どうせ、建前で言ってくれてるんだろうしな……。

　待てよ？　建前で言っている可能性も高いが本音の可能性もわずかだがないとも言えないな。

　ヒントなのか？　まさか？

　出版会社関係の人に出会って仲よくなれれば本にした方がいいヒントだと思ってたけど、もしかしたら出版会社関係の人に出会える環境じゃないから、見せた人皆が本にしたら買うだとか、欲しいと言ってくれていること自体がヒントなのだとしたらずっとヒントが出続けていることになるぞ！　ならどうす

る？　とりあえずネットで自費出版っていくら位なのか調べて
みるか。

　そう思いネットで調べてみた。結構いろいろな会社がやって
るんだなぁ、作ることなら誰でもできそうなことが書いてある
な、でも本を出したいんじゃなくて自分が書いていることがど
んなレベルなのか、もしかしたら人の役に立つのではないか？
でもこんなこと自分が考えられるのだから他にも同じ様な考え
の人がいるのかとか知りたいんだよなぁ〜。

　どのホームページ見ても、まずはメールみたいな感じだし、
メールじゃど素人の俺じゃ何てメール送ればいいか分からない
し、メールでど素人なんですがどうすればいいですか？なんて
メールしてもすぐ返信してくれなさそうだし、専門用語で返さ
れても意味分かんねぇし……。

　そんなこと考えながらいろいろ見ていた。

　あ！　ホームに電話番号が載せてある！　電話してみようか
な？

　でも何て言う？　自問自答してみたら、「知らねぇよ」だった。
だよな、知らねえよな、経験したことねぇもん。じゃあまた今
度にするか？　「止まるよ成長」だよな、止まるよな、じゃあ電
話するか！　「しろよ」コワッ！　「ビビってん？」ビビってねぇ
しドキドキしてるだけだし、うわ〜、久々の緊張〜、何年ぶり
だろ〜、楽しい〜、これは暇しなさそうだな。

「よし」電話しよう！

　とりあえず電話してから考えようと思い、電話してみた。す
ぐに相手が出たので自分は「何も知らないど素人なんですけど、
自分の書いたものを読んでいただいて直に会って話を聞かせて
もらうことってできますか？」と言ってみた。そしたら「大丈

夫ですよ」という返事だった。

　え？　ど素人でも見て会ってくれるんだ、と思い「どうしたらいいですか？」と聞いてみたら「どういった内容ですか？」と聞かれ、ことの始まりから大まかな流れを伝えた。

　そしたら会う前に先にメールで送れるなら先に送って先に読んでから会った方が話が早いということだった。

　そりゃそうだな、でも自分は育ちが悪かったのと自分の中でこのノートは宝物だったのもあり、相手に「変な話なんですが、このご時世なので送ったらどうにかされちゃったりしないですか？」と、言ってしまった。

　そしたら優しく「こちらはプロなのでそういった個人情報はしっかり管理していますので、御心配なさらずに安心して下さい」とのこと。話のいい回し、言葉の並べ方、機嫌を損ねた感じも一切なかったので「それならお送りさせていただきます。宜しくお願いします」と返答した。

　ここで相手がただ「大丈夫ですよ」だけだったら雑な対応な感じがするので、他の会社にも連絡していたと思う。でもこの会社は失礼なことを言っている自分に「こちらはプロなのでそういった個人情報はしっかり管理していますので、御心配なさらないで安心して下さい」ここまで言ってくれた。普通だったら失礼なことをいきなり言ってきたら心の中で「は？」と思い、「大丈夫ですよ」だけで言葉が返ってくるか、言えても「こちらはプロなのでそういった個人情報はしっかり管理していますので、大丈夫ですよ」止まりだろう。

　でもこの方は「御心配なさらずに安心して下さい」ここまで言葉を並べてくれた。ど素人の自分にだ。しかも感情がブレることを一切感じなかった。凄いプロ意識と心遣いを感じた。

やっぱり本の出版会社だけあって普段の言葉の遣い方にも気を遣っているのかなぁ、「凄いなぁ」と思ったことをハッキリ覚えている。

　そして会う日時を決めることになり、早く会ってみたくなった自分は今日でもいいですよと言った。言ってから気付いたが読む時間ねえじゃんと思った。

　案の定「今日は難しいですので明後日はどうですか？」と言われ、その日はちょうど用事が入っていたので予定が組めず、明々後日の木曜日の14時に会ってもらえる約束ができた。

　対応してくれた方は立澤さんという女性の方で当日の応対も立澤さんがしてくれるとのことだった。

　新しい刺激に楽しくなった半面、駄目出しされたらどうしようという思いもあったが、まあ、自分の成長のために書き続けてきたもので、たまたま人の役に立つ可能性があるならと思っただけなので、駄目なら駄目で自分の成長にもなるし、世間も知れてまた何か見えてきそうだし、ノートは自己満足で書き続けようと思っていた。

　そしていつもの日常に戻り、当日を迎えた。

「ドキドキ、ワクワクが止まらねぇ〜」その会社は渋谷区千駄ヶ谷にあるとのことだったので、そこに車で向かっていた。

　俺がこんなど平日に都内の出版会社に話しに向かってんのかよ、何か変な感じだな〜、営業職ってこんな感じなのかな？俺を知っている人は絶対想像もつかないだろうな〜、俺も想像してなかったし、でもなかなか経験できることじゃないだろうし、楽しみだな〜、どんな人間性の人なのかな〜、なんて思いながら出版会社からの住所を確認するためメールを見てみた。

　あれ？　担当者の立澤さんから昨日メールがきていた。読ん

で見ると、

　原稿、ありがとうございます。
　拝見させていただきましたが、少し手を加えることでエッセイのお手本になり得る、初稿として非常にいいものですね。
　人間の根本に関わる思慮深く、また愛情深い温かいエッセイになるのではないかと存じます。
「人として大切なこと」が見失われている昨今で、その大切なことを思い出させてくれる作品にしていけたらと感じます。
　それでは、明日お会いしてお話できること楽しみにしております。
　何卒よろしくお願い申し上げます。

　との内容だった。
　ええ⁉　なんかいいことしか書いてなくね？　つうかエッセイってなんだ？　初稿って俺のノートを原稿扱いしてくれてるし、何だ？　いい評価っぽいぞ？
　何とも言えない気持ちになり、落ち着かなくなったので何人かの友人に電話をして話をした。皆そんな経験がなく「俺が緊張してきたよ」などと言ってくれた。落ち着くに繋がることはなかったが、共感してくれただけで十分だった。
　持つべきものは友だな、なんて思いつつ出版会社に到着。
　少し時間があったので歩いて見回ってみた。驚いたことに同じ名前の出版会社が3棟ほどあった。
　何か凄いとこにきたのか……？
「コワッ」なんだこの気持ちは味わったことねえぞ。
　この刺激は楽しいな〜、成長できそうだ。

そろそろ時間だったので出版会社に電話をしたら別の人間が迎えに来てくれると言われたので、言われるがまま待った。

　そして迎えの人が来てくれたので、これ全部同じ会社なのか聞いてみた。

　全部同じ会社で企業専門や個人専門などで分かれているとのこと、「まぢか」「すげ〜ところに来ちゃったみたいだな」緊張と好奇心が高まった。

　少し離れた新しいビルのオフィスに案内され、エレベーターに乗り到着、凄く整っていて、ガラス張りでまるでモデルルームみたいだった。

　客室に案内され、オシャレな本棚があり、この会社から出版された数々の本がオシャレに配置されていた。

　自分は興味を持ったことしかまったく頭に入らない人間で芸能人とか有名人とかほとんど知らないタイプなのでどこの誰の本などは全く分からなかったが、うろ覚えで1冊だけ水泳のオリンピック選手だったであろう人の本があったのは分かった。

　やっぱすごい会社っぽいな、そんなことを考えながら席に案内されて、立澤を呼んで参りますので少々お待ち下さいと言われたので来るのを待っていた。

　しばらくして立澤さんと迎えに来てくれた人が来て名刺をいただき挨拶を交わした。

　まず始めに「数ある中から弊社を選んでいただきありがとうございます」と言われ「弊社のことを御存じですか？」と聞かれた。

　自分は興味を持った本を買ったことはあるが、出版会社とか著者など興味を持ったことがまったくなかった、強いていえば知っているのは漫画などでよく耳にする講談社くらいだったた

め、「すいません、まったく知りません」と答えた。

　その会社の社名は幻冬舎という出版会社だった。

　自分はよく知らなかったのでとりあえずちゃんとした会社なんだろうなとは思っていた。

　幻冬舎の方針などを丁寧に説明してくれ自分の書いたノートの話になった。

「もちろん本にするには、このままでは出せないが一緒に協力させていただき出版させていただきたい」と言われた。

「は？」「出版？」「は？」だった。

　いきなり出版の話だったので、一瞬パニックになった。

　そのあと出版にあたる金額の話など出版に至るまでの流れを一通り説明された。

　今思えば、出版会社に来たのだからまず出版の有無の話が始めに出るのも当たり前なのだろう。

　だけどそんな経験も知識もなかったので説明が終わった後、「え？　これが凄いんですか？」とノートを指差して聞いてみた。

「これが凄いのですよ」と返ってきた。

「は？」パニック

「え？　俺凄いんですか？」と言葉が出た。

「凄いですよ」と返ってきた。

「は？」パニック

「俺、中卒ですよ」

「ええ！　中卒なんですか？」と返ってきた。

「そうなんです(笑)」と言った。

　考えてみればことが上手く進み過ぎだったので、「お金を出せば誰でも出版できるんですか？」と聞いてみた。

　そしたら「それは違いますよ。弊社は毎日いろいろな方々が

出版したいと原稿を持ってきてくれるものを精査し、それで出版の有無の判断をしています。縁がなく記念に本にしてくれるだけの会社紹介をしたりすることもあります。もちろん出版に至っては私の一存では決められませんので、私の上司初め弊社の人間に読んで貰い決定したことなのですよ」と言われた。

　疑問に思えるところがなかった。

　余りにもスムーズにことが進むため詐欺に遭っていると思う方が納得できてしまう自分がいる。今までこんなに大きなことで誰かに評価されたことはなかったからだ。

　でも立澤さんの言い回しや仕草を見ても疑えるところが一切なかった。

　立澤さんは話をしているときにじっと目を見続けても一切そらさず、まったくブレずに話し続けるし、嘘要素が全くない。
「こりゃまぢなやつだ」

　いい可能性があることは確かだったので可能性にかけ、人生の博打ができる権利は持てたところまではきたんだと考え、契約することにした。

　無事に話は終わり後日契約書を送ってくれることになり帰ることにした。

　オフィスの入り口で別れるかと思っていたらエレベーターの中まで同行してくれてビルのエントランスまで見送りに来てくれた。
「親切な会社だな〜」「まるでブランドショップで買い物をしたみたいな対応だな」なんて思いながらそのビルの横にあったパーキングに車を停めていることを伝えた。そしたら立澤さんが「中村さんの車を停める駐車場も用意していたのですが停める前に伝えられずすいません」と言ってきた。「気にしないでください、

ではありがとうございました」と伝え、車に向かった。

　でも自分から読んで貰って意見が聞きたいと言ったことなのに、ここまでしてくれるなんてやっぱすごい会社なんだな〜と思いながら、車の後部座席のドアを開けて着ていたジャケットを脱ぎ、ハンガーにかけて何気なくビルの方を見たら、まだ自分のことを見送りしていた。

「は？」そこまでしてくれるの？

　さすがに恥ずかしくなり、「もう大丈夫ですからどうぞいって下さい」と言い、下がって貰った。

　そこまでするの？　本当に驚いた！　ブランドショップでも1品2品買ったぐらいじゃそこまでしないぞ！　何なんだこの会社は？　自分のキャパじゃ全く測れなかった。

　そして帰り道、1人の友人が幻冬舎は有名だよと、言っていたことを改めて思い出した。

　やっぱり有名なところは凄いな、と思いながら小説好きの仲のいい友人に結果が出たら報告したかったので連絡した。初めは話が急すぎて飲み込めていなかったが少しして「凄いじゃん」と言ってくれた。そして「何て出版会社なの？」と聞かれ、「幻冬舎だって」と言ったら「幻冬舎行ったの！？」と言われた。「やっぱりすごいとこなの？」と聞くと「一流の出版会社だよ」と言われ「ええ〜！　そんなに凄いとこなの？　俺よく知らないからさ〜」と言い「何冊か幻冬舎の出してる小説持ってるよ」って言われ、段々ことのデカさに気付いてきた。

　やべ〜ことが起きてるのか？

　実感が湧かない。何人かの友人に連絡をして、自分を落ち着かせるために話をした。いつまでたってもなんとも言えない不安なのか、緊張なのか、プレッシャーなのか分からない感情が

消えないでいた。

　まあ、やってみれば分かることだからやってみればいいやと無理矢理気持ちを鎮め、明日改めて振込の期日が可能か連絡することにしていたため、明日連絡してまた対応を見れば落ち着くかな、なんて思い眠りについた。

　そして次の日、本業で少しやることがあったのでやることを片付けて、昼頃になり立澤さんに連絡を入れようと思った。

　だが、なかなか動けずにいた。まだ現実を受け入れられていないのか？　お金を払うのが嫌なのか？　でもお金を払ってチャレンジしてみたい腹は昨日の時点で決まっていたので、まだ実感できていない自分がいることに気付いた。

　本当に本にするなら、誰かの為になるのであれば出したい。こんな俺が誰かの為になるのか？　自分は、「本」とは読み手がいて初めて成り立つ物だと思う。今まで自分はいろいろな人間にノートを読んで貰ってはいたが、すべて自分から「読んでみて」とか「読んでみな」と言っていた。

　自分発信では相当嫌われていない限り、読んでくれて当たり前だと思う。

　なので、自信がなかった。

　しばらく考えてみた……。

　読んで貰ってないことを新たに書いてみてもう1回読んで貰って、意見を聞いてみようと思った。

　そうすれば自信が持てるかは分からないが、納得はできそうな気がしたのと、出版ということが頭の中に定着し今までノートに書いた内容と同じ様に書けるか不安なのもあった。

　自分で自分を分析してみた結果、この業界の経験値があまりにもなさ過ぎるために、疑う要素が何もないのに、疑ってしまっ

たり納得しきれないでいるのだと思った。

　例えばカレーを食べたことも無ければ作ったことも無い、でも見たことはある、カレーのルーの存在も知らない様な人間がアドバイスも無く適当にカレー色にカレーを作ってプロに食べてもらっても、まず自信を持ってカレーを出せる人はいないだろうし、「おいしいね、でも私が手を加えればもっとおいしいカレーになるから一緒においしいカレーを作りましょう」なんて言われても、言われた本人は何がよかったのかが明確には分からないだろう。

　そんな状態なのだと思った。

　なので、新たなことを書き、もう一度読んで貰えばよしあしが分かるのでは？と思い実行した。

　そして書き終わり、立澤さん宛てにメールを送り幻冬舎に連絡した。

　只今、打ち合わせ中とのことだった。

　追加して書いた物を読んで貰って連絡が欲しいということを伝えてもらうことにし、連絡を待つことになった。

　こういうタイミングで待ちぼうけか、「もどかしい〜」待つことが苦手な自分は、いても立ってもいられなかった。

　あまりにももどかしかったので、紛らわすために、親父に報告がてらもどかしさを押し付けにいこうと決め、実家に向かった。

　親父に話をしてなかったので一から話をした。

「幻冬舎行ったの！？」親父も知っていたみたいでビックリしていた。

　皆驚く度に、説明できない気持ちが膨らみもどかしさが増してくる。

　とりあえず今の自分は、物事が理解しきれてなくて冷静な自

分じゃないから、この気持ちを押し付けに来たことを伝えた。

　親父は少し察してくれたのか、「俺はそんな経験ないからアドバイスはできないけど、幻冬舎だろ、簡単に経験できることじゃないからいいんじゃねえか」と、言ってくれた。

「まあ、とっくに腹は決まってるんだけど、とりあえず落ち着かないから連絡くるのここで待たせて」と言い適当に会話を続けた。

　会話の最中に電話が鳴った。

　幻冬舎からだった。

　親父に伝えたら「俺は外す」と席を離れ、電話に出た。立澤さんからだった。

　立澤さん「読ませていただきました」

　自分「どうでした？」

　立澤さん「令和と平成で書き方が少し違いますね」

　やっぱり出版って概念ができてしまって何かが上手く書けなったのか、どこか気取って書いてしまったのか？　そう思い、「何がよくなくて、何がよかったですか？」と言った。

　そしたら立澤さんが、「私の言い回しがいけなかったですね、すいません」と言ってきた。

　自分「ん？」

　立澤さん「私はすでに本の構成への頭になっていました。本の構成にあたっての必要な話をしていました。中村さんが言っているのはそうではないのですね。そういう意味でしたら中村さん、大丈夫ですよ安心して下さい」

　自分「それならよかったです」と答え安心した。

　自分はやっぱり駄目出しされたのかと思い、早とちりをしたが、そうではなかった。

この方たちは自分の書いた文面を見て、自分という人間を評価してくれていたんだ。てっきり自分が書いた文面だけに興味を持ったのかと思っていた。

　ど素人とプロの差だろう。やっと納得がいった。

　説明できない違和感がなくなった。

　そういうことか、自分は自分の思ったまま言葉も選ばず書けばいいんだ。そして、プロの方たちに本になる様に修正、サポートしてもらえばいいんだな、だから協力させていただき、出版させていただきたい、と言ってたんだ。

「させていただきたい」を「させて下さい」と自分は勘違いをしていたのだと思う。

　きっとこの方たちは「させていただきたい」を「させてもらいます」という意味で言っていたんだと思う。

「させて下さい」とお願いしてくるならお金を請求する意味が分からない、でも「させてもらいます」だったらプロとしてビジネスをやっているのだから、プロの知恵、知識、技術を使って本にするわけだから、お金を請求するのは当たり前なことなので納得ができる。

　きっと自分の経験値の無さで嚙み合わなかったんだな。

　そう思ったけどまだ確信が欲しかった自分は、「もう一度聞きたいんですけど、質問してもいいですか？」と言い、「本当に金を出せば誰でも本を出せるわけではないんですか？」と言ってしまった。

　そしたら立澤さんは少しも嫌な感じを出さずに、親身に「それは本当に違いますよ」と言ってくれた。

　自分は「それだけ聞ければもう大丈夫です」「本当にすいませんでした」「ありがとうございます」と伝え、引き続き契約の話

を進め、電話をきった。

　ここまでしてくれる担当者に出会えることも相当なことだし、しかも幻冬舎という有名な会社、もうバック踏む理由もないし、有り難すぎる。

　そして追い打ちをかける様に衝撃なことに気付いた。

　358だった！

　こんなデカイ話なので何気なく358関係してそうだな〜と思い、数字に関することを気にしてみた。そしたらなんと幻冬舎にいって話をした日が3月5日だった。

「まぢか！」そんな一致ある？　まあでも8は無いからたまたまだろう？なんて思いながら、う〜ん、契約する月が3月だろ、で契約してから6カ月間の期日、9月までに原稿の完了でしょ、そこから……。

「ん？」

　本著作物の刊行予定日は、2021年8月10日……。

「は……？」

「マジかよ！　8じゃん！　コワッ！」

「つ〜かキモ」

「凄い！　超えてキモいわ！」

　なんじゃこりゃ〜！　信じるも信じないもあなた次第ってやつやん、理解できないことでしかなかった。

　条件調いすぎだろ、目に見えない何かも後押ししてくれてるん？

「は？」だよな。

　これは衝撃すぎる、でも条件は贅沢すぎるほど、揃ってるな。

　中村将人で勝負しよう！

「令和2年3月6日、よし！　本を出そう！」そう決意した日だっ

た。

　目には見えないことや何気ない人たちの言葉の中にいろいろな意味や人生観が見えたり、ヒントだったりを理解や納得するために根気よく続けてきたつもりだが、こんな経験することにもなるんだと、衝撃を受けつつ自分という人間に可能性を与えてくれた何かに感謝をしつつまだまだ精進していこうと思った。

　出版予定日の8月10日だが、それは自分の親友で今、不動産会社を1人で立ち上げ、まだまだ駆け出し状態で苦労し模索していて、唯一自分のこの考え方をすべて吸収しようと、休みの日に自分の本業の仕事を令和2年4月から手伝いに来てくれている、そんな向上心のある親友の誕生日が8月10日なのだ。

　ただの偶然かもしれないが、心の中でこいつとも何かありそうだなと、確信に近い気持ちがある。こいつとのことは、またヒントに出会ったら書こうなんて思っている。

　自分に関わる人たちが幸せになることを祈ってこの先を歩んでいこうと思っている。

　上にいく為に。

令和2年6月

おわりに

　ご挨拶と持論7で述べた様に、人の上に立つ立場になり始めたときに、教えてくれる人がいないことに気付き、ノートにそのときの自分が正しいと思うことを書き、日付を残しておけば、見直したときに自分が正しかったのか？　間違えていたのか？が分かり、成長に繋がると漠然と今日まで14年間続けてきた。

　この14年間で壁に当たれば読み返したり、書き記したり、その繰り返しでここまでくることができた。

　初めは何も考えずに漠然と書き記していたが、気がつくと周りの人たちも自分と似たような悩みを抱えていたり、苦しんでいることに気付き、思わず手を差し伸べてみたら感謝され、自分の様な人間が感謝される側でいいのか？と思わされることが増えてきて、それならもっと立派な人間を目指し、感謝してくれた人たちが誇れる人間にならなければ、感謝してくれた人たちの気持ちを無駄にしてしまうと突き進んできた。

　気付けば、幻冬舎の皆様にお力添えをいただけることになり、より多くの皆様に読んでいただける機会を与えてもらい、心から感謝している。

　この本は1人の人間「中村将人」が今日までどの様に考え、どの様に行動してきたか、そして結果どの様な人間になってきているかを記している。

　受け取り方は読み手の皆様の感性、価値観で千差万別だと思う。

　自分の生き方が正しいのではなく、自分はこの生き方しかで

きなかったので、数多くの皆様に読んでいただいて、少しでも共感できることがあれば活用して、少しでも多くの皆様に心から笑える日常を送ってもらえればと思っている。

　ここまででは綺麗事を並べている様にしか見えないかもしれないので少し自分の過去の話をさせてもらおうと思う。

　一番上は姉、次に兄、自分は3人兄弟の末っ子として生まれ、自分が3歳のときに親が離婚し、姉はおふくろの元へ、そして兄と自分は親父の元へ引き取られることになった。

　親父は仕事をしていたので兄と自分は爺ちゃん、婆ちゃんが育ててくれていた。

　そして1、2年が経った頃、親父が仕事でベルトコンベアの様な機械に体の右半分が吸い込まれ粉砕骨折になる事故に遭い、大手術をし、身体障害者になってしまった。

　離婚の原因はおふくろの金遣いの荒さだった。そして事故、親父が冷静でいられるわけもなく、親父はよく荒れていた。今思えば自分の息子がこんな災難に遭っているのを見ていれば、黙って寄り添ってあげることしかできないだろう。

　爺ちゃん、婆ちゃんは親父が荒れたとき、いつも黙って後始末をしていたことを覚えている。

　そのときの自分には状況が理解できるはずもなく只々怖かった。でも自分や兄貴に暴力で当たることはなかったので親父のことは好きだった。

　爺ちゃんは戦争経験者だったからか分からないが、婆ちゃんが仕事にいき、爺ちゃんが家事をしていた。

　爺ちゃんは絵に描いたような厳しい厳格な人で、孫である自分や兄貴にも拳骨で教える様な人で建国記念日や天皇誕生日には必ず家の外壁に国旗を掲げて、毎朝、股引に腹巻で通学する

人や近所の人たちに「おはようございます」とデカイ声で挨拶する、そんな爺ちゃんだった。

　そんな爺ちゃんはなぜか、自分には特に厳しくしてきたことに、よく不満を感じた覚えがある。

　3歳の頃から保育園の送り迎えで爺ちゃんに手を引かれながら行き来し、毎日5、6回は必ず拳骨されていたと思う。

　婆ちゃんは正反対で怒ることなんて一切なく、まるで仏様みたいにやさしい婆ちゃんだった。

　そして小学校5年生になった頃、もともと心臓が悪かった爺ちゃんが突然倒れ、心肺停止で死んでしまった。

　学校から帰って遊びにいっていた間だったらしい。遊びから帰ると親父が出迎えてきて、「爺ちゃん死んじゃったよ……」と言ってきた。

「何言ってんの？　うそでしょ？」と言ったが「本当だよ……」と親父が言った。

　突然過ぎて意味が分からないまま居間にいってみたら、爺ちゃんが仰向けで横たわっていて顔に白い布が掛かっていた。

　婆ちゃんが爺ちゃんに覆いかぶさる様にして本当に子どもの様に大泣きして、泣きじゃくっていた……。

　あの婆ちゃんが泣いている姿も初めて見るのに、泣きじゃくっている姿に何も言えなく、ただ涙を堪えようとしていたが、耐えられず居間から出ていき、誰もいない部屋にいき、ひたすら自分も泣いた……。

　爺ちゃんには褒めてもらった覚えがなく、すべて拳骨されたり、怒鳴られた記憶しかなかったが、「また怒ってくれよ〜」「殴ってくれよ〜」と呟きながら泣いた。

　あんなに怒られたり、拳骨されるのが嫌だったのに……。

そのときは、何でこんなに怒られた記憶しかないのに悲しいのかが理解できていなかった。

うちはプレハブが庭にあり、自分はプレハブにいたため、1回庭に出ないと居間にはいけなかった。気のすむまで泣き終わったあと、また居間に向かった。そしたら庭に多くの近所の人たちがいた。

近所の人たちも皆、子供の様に泣いていた……。

爺ちゃんは自分の友達や兄貴の友達、誰だろうと分け隔てなく叱って拳骨する人だった。

挨拶しない子がいれば、「お前は挨拶もできないのか！」「ゴチ～ン！」

そんな爺ちゃんなのに、こんな大勢の人が惜しんで泣いていることに、只々、衝撃だったのをよく覚えている。

そして月日は経ち、爺ちゃんというたがが外れた自分は、中学1年になり、たまたま自分のクラスの中心人物と仲が悪くなり、クラス全員にハブかれた。

自分の取った行動は、同じクラスの状況で中心人物を殴って、殴ったことを逆手に取られても嫌だったので、2年生になればクラス替えで面子が変わるし誰も見てないところで中心人物を呼び出してぶっ飛ばせばいいやと思い1年間耐えて、クラス替えの日の下校時間に中心人物を捕まえて誰もいない屋上近くの階段で、今までよくもハブいてくれたなと、ぶっ飛ばした。自分もそんなに経験がなかったため、クラス全員でハブにするくらいの中心人物だからよっぽど強い自信がある奴なんだな、と思っていたが1発殴ったら泣き出し、「すいませんでした」と同じ歳なのに敬語で謝られ拍子抜けだった！

ここからが自分の暴君への勘違いの始まり。こんな奴に苦し

められていたのかと思いバカバカしくなり、世の中、力がない奴はバカをみるんだと思い込み、皆が想像できる悪いこと、人殺し以外はすべてやってきた。

　そして中学を卒業して今の仕事に出会うまではいろいろな仕事を転々として悪いことばかりしていたので警察に追われるかヤクザにやられるか、先輩にやられるかの毎日。

　そして17歳になり今の仕事についたくらいの頃、自分と同じ歳の友人がヤクザの経営する飲み屋で働いていてその飲み屋の売上を盗んで逃げたから今日中に探せということで呼び出された。

　呼び出されたのは自分を含め5、6人いた。「今日中に見つけられなかったらお前ら全員に責任を取ってもらうために全員やるからな」そう言われその友人が電話に出ないので今日中は不可能だと思い、やられるしかないと思っていたときに、本人が見つかったと、ヤクザに連絡が入り、本人が縛られて車のトランクに積まれて運ばれて来た。

　トランクから縛られたまま出てきた瞬間、自分たちの前でメッタ打ち、頭は割られ一瞬で血だらけ、そして終いには手の指を逆に曲げられて2、3本折られていた。

　そんな世界が普通になりつつある毎日で、ふと自分がヤクザになることを想像したら自分の中にいた爺ちゃんの顔が出てきて、「爺ちゃん、今の俺見たら悲しむだろうな」と思った……。

　この瞬間「自分の居場所はここじゃないな」と思い、悪いことはやめて自分の根性は仕事に使おうと決めた！

　社会に出始めた頃、おふくろがちょこちょこ、まだ幼稚園くらいの種違いの妹2人を連れて顔を出すようになった。親父は金には気をつけろよとよく言っていたが、自分のおふくろをそこ

まで悪く思えないでいたのもあり、案の定、金を貸したりして いたが、自分はこういう悪い世界にいたのもあり、ある程度の 見る目を養っていたので、親父が言ってるのも頷ける言い回し をするおふくろだったこともあり自分が貸せる範囲の1万円くら いしか貸さなかった。だが兄貴はそういう世界にいる汚い人間 を知らないため真に受けておふくろにカードを作ってあげたら しく、騙されて満額借金を肩代わりさせられることになった。

　自分の子供の名義で満額借金して黙っていられる人が自分の 母親だったのだ。

　自分と兄貴は親父の元にいて一般的な優しい母親を思い描い ていたから心をえぐり取られる様な気持ちだったことを覚えて いる。

　こんな母親とは知る由もない妹2人が自分と重なりすごく可愛 がったことをよく覚えている。

　そして19歳で「できちゃった結婚」。この時期に自分が養子 だったことを知りわずか2年で離婚する。

　そんな中、22歳くらいの頃、近所のおばさんから衝撃なこと を聞かされた。

　爺ちゃんが生きている頃、「上2人はもう自我ができているか らいいけど、将人はまだ自我ができていないから、将人には可 哀相だけど、俺が厳しく育てる！」と言っていたらしく衝撃を 受けた。

　爺ちゃんが将人には可哀相って言ってたのかよ……。

　爺ちゃんわざと厳しくしてたのかよ……。

　爺ちゃんと口喧嘩して俺が家出して、どうしていいか分から ず公園にいたとき、公園のベンチでうつむいて座っていた爺ちゃ んを思い出した。

あれ爺ちゃん、落ち込んでたのか！

ただの頑固一徹だったんじゃねえのかよ！

ただの堅物で、子供の気持ち汲めねぇ～頑固じじぃじゃなかったのかよ！！

「ずり～よ」今さら教えるなんて……。

謝ることもできねぇじゃんかよぉ～。

「すげぇ～会いてぇ～よ！　爺ちゃん！」

でも生きてたらきっとまだ口喧嘩してたり、爺ちゃんの「大和魂」「男気」「愛」に俺は未だに気付いてねぇかもな。

爺ちゃんは言葉では説明できないこと、死んでいなくなってからじゃなきゃ気付けないことを一生の時間をかけて伝えたかったんだ。

近所の人に話をこぼすほど、つらいことを……。

もしかしたらいつか俺に伝えて欲しくて言ってたのかもしれない。

でもどれだけ時間のかかる先を見て俺に厳しくしてくれてたんだよ。

俺より先に死ぬのに、俺の成長を見届けられないの知ってるのに、楽しく俺と笑うより、いがみ合ってでも俺に厳しくする方を選んでたのかよ……。

1人で泣いた……。

でも爺ちゃん、「かっけぇ～な！　男だよ！」

分かったよ、爺ちゃん「その意志、俺が受け継ぐよ」と心に刻んだ。

そして、自分と向き合いノートを書き始めて自分と戦い始めた。

一般的に自分は幸せな育ちをした、というよりは不幸せな育ちをしてきたと思う。だが、今の自分になれたのはこの育ち方で、

この経験をしたからである。

　これが幸せな家庭に生まれ、幸せに育っていたらまだ両親も健在で心に刻むことなんてできていないだろう。

　ましてや不幸を経験しない様に避けていただろう。

　でもここまで強くなれたのは不幸だったからである。

　なので不幸を経験すればすごくつらいが、いろいろな人の気持ちが汲める様になるし、メンタルが強くなる。

　幸せを経験すれば有り難さが薄れていくリスクがあり、つらい道を避ける様になってしまい成長が止まるリスクがあると思う。

　どっちにもリスクがあるのだ。

　そんな考え方の違いだけで自分が不幸とも幸せとも捉えられることに気付かされたので、この考え方に少しでも共感してくれる人がいたらと考えると、共感したその人には大きなキッカケになるはずだと思ったので、可能性があるならと、より本にすることを決意した。

　人の考え方には人それぞれあると思うけど、人の心のありさまは一緒だと思う。

　今、つらい人、苦しい人、荒れている人、間違えたって、やらかしたって大丈夫。

　いつでも何年時間がかかったとしても気付いたときにちゃんと反省して、立ち向かって逃げずにめげずに、はたから見て努力しているという結果を出せていれば自分の求めている幸せに近づける。

　と、このノートが証明してくれている。

　このノートを書き記し続けた結果、はたから見たら努力していると認められ、本になったのだから。

自分に関わるすべての人たちが幸せになりますように。
上にいく為に。

【著者紹介】
中村将人(なかむら まさと)
1982年3月8日生まれ。
埼玉県入間市育ち。
中学卒業後、各仕事を転々とし17歳で鋼構造物工事業に就職。
平成29年1月5日株式会社マッスルワークスを設立し、
自分という人間を追求し続け今に至る。

上にいく為に

2021年8月26日　第1刷発行

著　者　　中村将人
発行人　　久保田貴幸

発行元　　株式会社 幻冬舎メディアコンサルティング
　　　　　〒151-0051　東京都渋谷区千駄ヶ谷4-9-7
　　　　　電話　03-5411-6440 (編集)

発売元　　株式会社 幻冬舎
　　　　　〒151-0051　東京都渋谷区千駄ヶ谷4-9-7
　　　　　電話　03-5411-6222 (営業)

印刷・製本　中央精版印刷株式会社
装　丁　　杉本萌恵